Stundenblätter

Juli Zeh
Corpus Delicti

Claus Schlegel

Ernst Klett Verlag
Stuttgart · Leipzig · Dortmund

Vorwort

Die Reihe **Stundenblätter** ist konzeptionell überarbeitet und den aktuellen Anforderungen an Ihre Unterrichtsvorbereitung angepasst worden. Sie bietet Ihnen zu ausgewählten Abiturlektüren ein komplettes Unterrichtsmodell, gegliedert in praktikable thematische Module.

Eingangs finden Sie **den Vorschlag für Ihre Unterrichtsgestaltung:** Die Übersicht zeigt Ihnen den maximalen Durchgang durch das Thema; die Reduzierung um die grau unterlegten Teile verkürzt die Unterrichtsreihe, wenn die Zeit knapp ist.

Drei Kapitel bieten alles Nötige für das Gelingen Ihres Unterrichts.

1. Die **Kopiervorlagen** im ersten Teil sind sofort im Unterricht einsetzbar.

Mithilfe der Kopiervorlagen lässt sich der literarische Text vollständig und kompetenzorientiert erschließen. Variantenreiche Arbeits- und Schreibaufträge unterstützen den Lernprozess Ihrer Schülerinnen und Schüler.

Die Kopfzeile der Arbeitsblätter dient der schnellen Orientierung. Sie gibt das Thema des Moduls an und zeigt, ob die Kopiervorlage für den Unterrichtsgang notwendig ist (obligatorisch) oder der Ausweitung und Vertiefung dient (fakultativ).

Den Abschluss bilden **zwei Klausurvorschläge.** Die erste Klausur ist als Übungsklausur für Ihre Schülerinnen und Schüler gedacht, anhand derer diese gegebenenfalls noch einmal für den Ernstfall trainieren können. Für Sie als Lehrkraft gibt es einen zweiten Klausurvorschlag – ergänzt um einen übersichtlichen, praxisnahen Kriterienkatalog für die Bewertung.

Auf www.klett.de können Sie nach der Eingabe des Online-Codes **u2pj27** in das Suchfenster alle Kopiervorlagen als veränderbare Worddateien herunterladen. So haben Sie die Möglichkeit, die Arbeitsblätter aus diesem Heft zu kopieren oder auch die Wordvorlage individuell den Bedürfnissen Ihrer Lerngruppe anzupassen.

2. Die **Analyse und Interpretation** des Originaltextes stellt im zweiten Teil die wichtigsten Deutungsansätze schnell erfassbar dar und vermittelt Ihnen weiterführende Sachinformationen.

3. **Kommentare und Lösungen** finden Sie im dritten Teil.

Zu allen Modulen werden die Intention, Zielvorstellungen und Kompetenzerwartungen, Zeitbedarf sowie Hinweise zum Unterrichtsverlauf übersichtlich dargestellt.

Daran schließen sich ausführliche Lösungen und Erwartungshorizonte zu jeder Kopiervorlage an, sodass die Arbeitsergebnisse Ihrer Schülerinnen und Schüler leicht überprüfbar werden.

Wir wünschen Ihnen viel Erfolg in Ihrem Unterricht!

Inhalt

Vorwort 2
Übersicht über die Unterrichtseinheit (Maximalplan/Minimalplan) 5

Kopiervorlagen — 8

Modul I — Zugänge

KV 1	Wie viele Daten sind uns unsere Gesundheit wert? – Argumente abwägen	8
KV 2	Homo Digitalis. Ewige Jugend – Eine Diskussion führen	10
KV 3	Die Autorin und ihre Zeit kennenlernen	11
KV 4	Die Entstehung des Romans nachvollziehen	12

Modul II — Inhalt, Handlungskonflikt, Struktur

KV 5	Den Romananfang verstehen	14
KV 6	Leseeindrücke während der Lektüre festhalten	15
KV 7	Die Entfaltung des Handlungskonflikts erfassen	16
KV 8	Den chronologischen Aufbau erkennen	17
KV 8 PLUS	Den chronologischen Aufbau erkennen	online
KV 9	Schauplätze der Handlung untersuchen	18
KV 10	Das System der METHODE analysieren	20
KV 11	Den Fall Moritz Holl verstehen und hinterfragen	22

Modul III — Figurencharakterisierung

KV 12	Figurenkonstellationen mit Standbildern darstellen	24
KV 13	Mia Holl – Die Protagonistin charakterisieren	25
KV 14	Mia Holl – Widerstandsformen differenzieren	26
KV 15	Heinrich Kramer – Den Antagonisten charakterisieren	28
KV 16	Die Juristen und das Rechtssystem einordnen können	29

Modul IV — Erzähltechnik und Sprache

KV 17	Die Gestaltung der erzählten Welt analysieren	30
KV 18	Figuren über ihre Sprache charakterisieren	31

Modul V — Kontexte

KV 19	Darf der Staat seine Bürger zur Gesundheit zwingen? – Einen eigenen Standpunkt finden	33
KV 20	Die Aktualität des Romans diskutieren	34
KV 21	BIG DATA – Die Preisgabe persönlicher Daten kritisch bewerten	36
KV 22	Stellung zu politischem Engagement und politischer Literatur nehmen	38
KV 23	Gattungsfragen erörtern	40
KV 23 PLUS	Dietmar Dath: Kunst als Hoffnung, Kunst als Angst (2018)	online

Modul VI — Deutung und Rezeption

KV 24	Sich mit Meinungen zum Roman auseinandersetzen	42
KV 25	Umsetzungen auf der Bühne deuten	43

Modul VII — Wiederholen und Sichern

	Multiple-Coice-Test	online

Inhalt

Klausurvorschläge

KV 26	Übungsklausur für Schülerinnen und Schüler	44
KV 26 PLUS	Übungsklausur mit vollständigem Erwartungshorizont	online
KV 27	Klausurvorschlag für die Lehrkraft	46
KV 28	Kriterienkatalog für die Bewertung	online

Analyse und Interpretation — 48

Juli Zeh: Corpus Delicti — 48

Kommentare und Lösungen — 54

Modul I — 54
Modul II — 58
Modul III — 64
Modul IV — 69
Modul V — 71
Modul VI — 77
Modul VII — 80

Übersicht über die Unterrichtseinheit — Maximalplan/Minimalplan

Modul	Thema	Material	Ziele und Kompetenzen	Sozialform	Zeitbedarf
I	Zugänge	KV 1: Wie viele Daten sind uns unsere Gesundheit wert? – Argumente abwägen (fakultativ)	– Pro und Kontra zum Thema gesellschaftliche Belohnungssysteme für eine gewünschte Lebensführung abwägen – eigene Recherchen zum Thema durchführen	Unterrichtsgespräch Gruppenarbeit	1 Stunde (= 45 min)
		KV 2: Homo Digitalis. Ewige Jugend – Eine Diskussion führen (fakultativ)	– eine Mindmap zum Film „Homo Digitalis – Ewige Jugend. Die Zukunft der Gesundheit" erstellen – eine Diskussion führen	Einzelarbeit Gruppenarbeit Unterrichtsgespräch	1 Stunde (= 45 min)
		KV 3: Die Autorin und ihre Zeit kennenlernen (obligatorisch)	– wichtige Aussagen aus einem Interview festhalten – die eigenen Leseerwartungen formulieren	Einzelarbeit Unterrichtsgespräch	1 Stunde (= 45 min)
		KV 4: Die Entstehung des Romans nachvollziehen (fakultativ)	– aus einem faktualen Text wichtige Erkenntnisse über das Theaterstück „Corpus Delicti" ziehen – einen Dramenausschnitt mit einem Romankapitel vergleichen – die Wirkung eines Dramentextes beschreiben	Einzelarbeit Gruppenarbeit Unterrichtsgespräch	2 Stunden (= 90 min)
II	Inhalt, Handlungskonflikt, Struktur	KV 5: Den Romananfang verstehen (obligatorisch)	– aus einem fiktionalen Text die Definition von Gesundheit herausarbeiten und dazu Stellung nehmen – den Inhalt eines Romankapitels zusammenfassen – Vermutungen über die Positionierung von zwei Kapiteln innerhalb des Romans anstellen sowie deren Funktion bestimmen	Einzelarbeit Partnerarbeit	1 Stunde (= 45 min)
		KV 6: Leseeindrücke während der Lektüre festhalten (fakultativ)	– Leseeindrücke während der Lektüre eines Romans festhalten – nach der Lektüre wesentliche Eindrücke zusammenfassen	Einzelarbeit Unterrichtsgespräch	10 Tage 1 Stunde
		KV 7: Die Entfaltung des Handlungskonflikts erfassen (obligatorisch)	– die Hauptpersonen und ihre Charaktereigenschaften kennenlernen – den zentralen Konflikt, weitere Konflikte sowie die gesellschaftlichen Zustände erfassen und beschreiben – den Aufbau des Romans und seine Erzählweise beschreiben	Einzelarbeit Gruppenarbeit	2 Stunden (= 90 min)
		KV 8: Den chronologischen Aufbau erkennen (obligatorisch)	– die chronologische Zeitstruktur des Romans erfassen und beschreiben – die Funktion von Kapitelüberschriften deuten	Einzelarbeit Unterrichtsgespräch	1 Stunde (= 45 min)
		KV 9: Schauplätze der Handlung untersuchen (obligatorisch)	– Raumbeschreibungen aus dem Roman zuordnen – Wirkung und Funktion von Räumen analysieren	Unterrichtsgespräch Einzelarbeit Gruppenarbeit	2 Stunden (= 90 min)
		KV 10: Das System der METHODE analysieren (obligatorisch)	– das Gesundheitssystem aus „Corpus Delicti" analysieren und bewerten – das System des Methodenstaates mithilfe von Zusatzmaterial beurteilen	Gruppenarbeit Einzelarbeit Unterrichtsgespräch	2 Stunden (= 90 min)

Übersicht über die Unterrichtseinheit — Maximalplan/Minimalplan

Modul	Thema	Material	Ziele und Kompetenzen	Sozialform	Zeitbedarf
		KV 11: Den Fall Moritz Holl verstehen und hinterfragen (obligatorisch)	– mithilfe eines Romanausschnitts den Fall Moritz Holl untersuchen und beschreiben – mittels kurzer Textausschnitte die Figur Moritz Holl verstehen und in Bezug zum Rechtssystem im Roman setzen	Einzelarbeit Gruppenarbeit	1 Stunde (= 45 min)
III	Figurencharakterisierung	KV 12: Figurenkonstellationen mit Standbildern darstellen (fakultativ)	– verschiedene Figurenkonstellationen mithilfe von Standbildern darstellen	Gruppenarbeit	1 Stunde (= 45 min)
		KV 13: Mia Holl – Die Protagonistin charakterisieren (obligatorisch)	– mittels Inszenierungsbildern Rückschlüsse auf die Protagonistin Mia Holl ziehen – verschiedene Inszenierungsbilder bewerten	Gruppenarbeit	1 Stunde (= 45 min)
		KV 14: Mia Holl – Widerstandsformen differenzieren (obligatorisch)	– die Argumentationen von Figuren nachvollziehen und zueinander in Beziehung setzen – die Entwicklung der Figur Mia Holl mithilfe eines Romanausschnitts beschreiben – den Widerstand von Mia Holl im Vergleich zu anderen Widerstandskämpferinnen diskutieren	Einzelarbeit Partnerarbeit Unterrichtsgespräch	2 Stunden (= 90 min)
		KV 15: Heinrich Kramer – Den Antagonisten charakterisieren (obligatorisch)	– den Antagonisten Heinrich Kramer beschreiben und charakterisieren – das Verhältnis von Heinrich Kramer und Mia Holl analysieren – einen inneren Monolog aus der Sicht einer Figur schreiben	Einzelarbeit Unterrichtsgespräch	2 Stunden (= 90 min)
		KV 16: Die Juristen und das Rechtssystem einordnen können (fakultativ)	– mithilfe von Textausschnitten die Besonderheiten der fiktionalen Welt beschreiben – eine Figur charakterisieren – das Verhältnis zwischen Mia Holl und Dr. Rosentreter beschreiben	Einzelarbeit Partnerarbeit Unterrichtsgespräch	2 Stunden (= 90 min)
IV	Erzähltechnik und Sprache	KV 17: Die Gestaltung der erzählten Welt analysieren (obligatorisch)	– die Einstellung der Autorin zum Erzählen beschreiben und mit der Erzählweise in „Corpus Delicti" vergleichen – das Erzählverhalten im Roman und dessen Wirkung analysieren	Einzelarbeit Unterrichtsgespräch	1 Stunde (= 45 min)
		KV 18: Figuren über ihre Sprache charakterisieren (obligatorisch)	– die direkte Rede im Roman untersuchen – Figuren aufgrund ihrer Redeweisen untersuchen und charakterisieren	Unterrichtsgespräch Einzelarbeit Partnerarbeit	2 Stunden (= 90 min)
V	Kontexte	KV 19: Darf der Staat seine Bürger zur Gesundheit zwingen? – Einen eigenen Standpunkt finden (obligatorisch)	– gesellschaftspolitische Fragestellungen mithilfe von faktualen Texten kritisch diskutieren – staatliche Eingriffe in die Privatsphäre recherchieren, untersuchen und bewerten	Einzelarbeit Unterrichtsgespräch Partnerarbeit	1 Stunde (= 45 min)
		KV 20: Die Aktualität des Romans diskutieren (fakultativ)	– den Wert Gesundheit in Beziehung zu anderen Werten setzen und den Umgang damit diskutieren – den Roman in Beziehung zu aktuellen gesundheitspolitischen Debatten setzen, diese diskutieren und dazu Stellung beziehen	Einzelarbeit Gruppenarbeit Unterrichtsgespräch	2 Stunden (= 90 min)

Übersicht über die Unterrichtseinheit

Maximalplan/Minimalplan

Modul	Thema	Material	Ziele und Kompetenzen	Sozialform	Zeitbedarf
		KV 21: BIG DATA – Die Preisgabe persönlicher Daten kritisch bewerten (fakultativ)	– den Standpunkt der Autorin in der Sicherheitsdebatte erfassen – die eigene Position in der Sicherheitsdebatte bestimmen und erläutern – den sorglosen Umgang mit persönlichen Daten diskutieren	Einzelarbeit Partnerarbeit Gruppenarbeit Unterrichtsgespräch	2 Stunden (= 90 min)
		KV 22: Stellung zu politischem Engagement und politischer Literatur nehmen (fakultativ)	– politisch engagierte Literatur mithilfe eines faktualen Textes bewerten und in Beziehung zur Autorin Juli Zeh setzen – Juli Zehs Auffassung von politischer Autorschaft erfassen und bewerten – die Erzähltechnik politischer Literatur bewerten – zu einer Meinung über literarische Intellektuelle Stellung nehmen	Einzelarbeit Unterrichtsgespräch Partnerarbeit	2 Stunden (= 90 min)
		KV 23: Gattungsfragen erörtern (obligatorisch)	– die Gattungsfrage unter den Stichworten „Science-Fiction", „Utopie" und „Dystopie" diskutieren, dazu Stellung nehmen und eigene Leseerfahrungen miteinbeziehen – eine Einschätzung des Romans aus der Sicht eines Science-Fiction-Spezialisten schreiben	Einzelarbeit Unterrichtsgespräch	2 Stunden (= 90 min)
VI	Deutung und Rezeption	KV 24: Sich mit Meinungen zum Roman auseinandersetzen (obligatorisch)	– diametrale Rezensionen miteinander vergleichen, ihre Meinungen überprüfen und einen eigenen Standpunkt entwickeln – eine eigene Rezension verfassen	Einzelarbeit Partnerarbeit Unterrichtsgespräch	1 Stunde (= 45 min)
		KV 25: Umsetzungen auf der Bühne deuten (fakultativ)	– unterschiedliche Bühnenbilder miteinander vergleichen und bewerten – eigene Inszenierungsideen für „Corpus Delicti" entwickeln – Kernaspekte des Romans wiederholen	Einzelarbeit Unterrichtsgespräch	1 Stunde (= 45 min) zusätzlich: 2 Stunden (für Aufgabe 4)
VII	Wiederholen und Sichern	Multiple-Choice-Test online (fakultativ)	– den eigenen Kenntnisstand der Lektüre mit einem Multiple-Choice-Test überprüfen – Aussagen über einen literarischen Text kritisch prüfen	Einzelarbeit Unterrichtsgespräch	1 Stunde (= 45 min)

weiß unterlegt: Minimalplan
weiß und grau unterlegte fakultative Teile: Maximalplan

Modul I: Zugänge

Juli Zeh: **Corpus Delicti**

Wie viele Daten sind uns unsere Gesundheit wert? – Argumente abwägen

1 Erörtern Sie das Pro und Kontra der Möglichkeit, Belohnungssysteme für eine von der Gesellschaft gewünschte Lebensführung einzuführen. Beziehen Sie dabei die folgenden Materialien mit ein, die sich auf „Wearables", eine Krankenkasse, das Gesundheitsprogramm einer Lebensversicherung und eine Kfz-Versicherung beziehen.

2 Recherchieren Sie: Welche weiteren Szenarien bezüglich der Erfassung von Gesundheitsdaten lassen sich bereits heute erkennen?

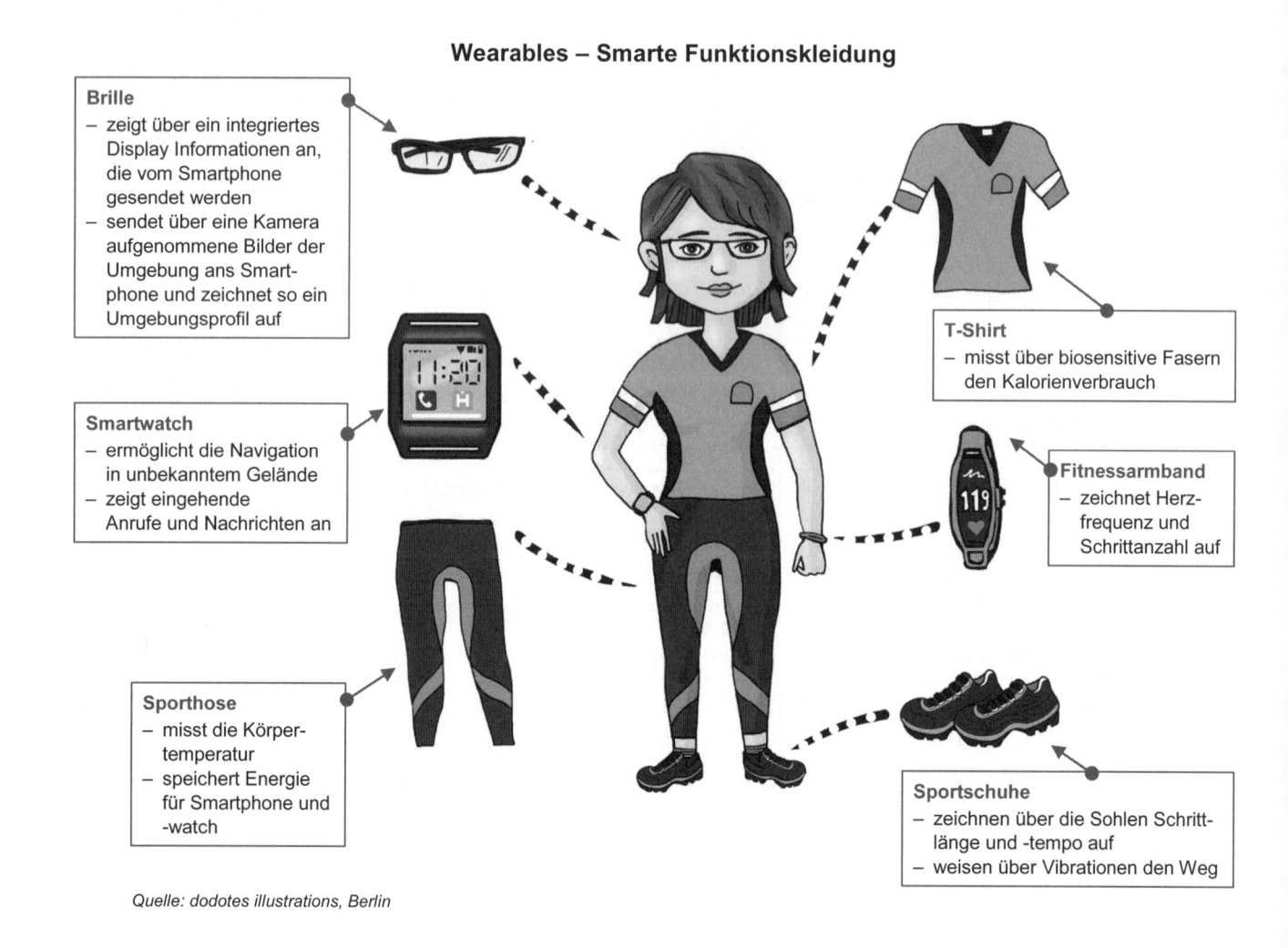

Wearables – Smarte Funktionskleidung

Brille
- zeigt über ein integriertes Display Informationen an, die vom Smartphone gesendet werden
- sendet über eine Kamera aufgenommene Bilder der Umgebung ans Smartphone und zeichnet so ein Umgebungsprofil auf

Smartwatch
- ermöglicht die Navigation in unbekanntem Gelände
- zeigt eingehende Anrufe und Nachrichten an

Sporthose
- misst die Körpertemperatur
- speichert Energie für Smartphone und -watch

T-Shirt
- misst über biosensitive Fasern den Kalorienverbrauch

Fitnessarmband
- zeichnet Herzfrequenz und Schrittanzahl auf

Sportschuhe
- zeichnen über die Sohlen Schrittlänge und -tempo auf
- weisen über Vibrationen den Weg

Quelle: dodotes illustrations, Berlin

Christian J. Meier: Digitale Herren über die Gesundheit (2020)

Wenn Daten das neue Erdöl sind, dann stellen Gesundheitsdaten eine besonders edle Form dieses Öls dar. Die Visionäre von Google, Facebook oder Microsoft wollen daraus mehr Wissen über Krankheiten extrahieren und damit den wachsenden Gesundheitsmarkt erobern. Es geht um Billionen von Dollar. […] Für die Digitalkonzerne ist die Biologie des menschlichen Körpers ein Informationsverarbeitungsprozess, der sich mithilfe von lernfähigen Algorithmen durchschauen und bei Fehlern korrigieren lässt. Mit der Macht über Daten und Rechenpower könnte das Silicon Valley das Monopol über die neue, datengetriebene Medizin gewinnen – wie jetzt schon über die sozialen Netzwerke oder die Onlinesuche.

Quelle: Christian J. Meier: Digitale Herren über die Gesundheit. (09.02.020)
Unter: https://www.heise.de/tp/features/Digitale-Herren-ueber-die-Gesundheit-4652983.html (Zugriff 26.03.2021, gek.)

P. Vestring, R. Heinrich, S. Köppl: Gesundheitsdaten – unser Feind und Helfer (2019)

[…] Die AOK belohnt das Sammeln von Daten bereits heute. Bis zu 180 Euro im Jahr kann erhalten, wer seinen Puls zum Beispiel mit einem Fitness-Armband regelmäßig für eine halbe Stunde auf mindestens 120 treibt oder 10.000 Schritte am Tag geht. Möglich ist dies allerdings nur, wenn sich Versicherte die AOK-App sowie eine Fitness-App auf ihr Smartphone laden und einwilligen, dass ihre Daten übertragen werden. […]

Quelle: P. Vestring, R. Heinrich, S. Köppl: Gesundheitsdaten – unser Feind und Helfer. (13.10.2019) Unter: https://www.mdr.de/datenspuren/wearables-sammeln-von-gesundheits-daten-100.html (Zugriff 26.03.2021, gek.)

So funktioniert Vitality (2016)

Generali Vitality motiviert und belohnt Sie für jeden Schritt auf dem Weg zu einem gesünderen und aktiveren Leben. Starten Sie noch heute – mit drei einfachen Schritten: Bewusst machen, aktiv leben und belohnt werden. […] Forschungen zeigen, dass nicht übertragbare Krankheiten wie Diabetes, Bluthochdruck, Alkoholmissbrauch, Herz-Kreislauf-Erkrankungen und einige Krebsarten auf schlechte Gewohnheiten zurückzuführen sind. Solche Krankheiten sind heute weltweit – besonders in Deutschland (77 %), die häufigsten Todesursachen. […] Setzen Sie Ihre persönlichen Gesundheitsziele und nutzen Sie unsere Vitality Partner, um gesund zu bleiben oder gesünder zu werden, sammeln Sie dabei Vitality Punkte und erreichen Sie so einen Vitality Status. Für Ihre Leistung warten zahlreiche Belohnungen auf Sie. Genießen Sie Vergünstigungen bei attraktiven Marken und auf Ihre Versicherungsprämie. Während Sie sich zu einem gesunden Leben hinarbeiten, sammeln Sie Vitality-Punkte und verbessern so Ihren Vitality-Status. Je höher Ihr Vitality-Status, umso größer Ihre Vorteile.

Quelle: Generali Vitality. Unter: https://www.generalivitality.com/de/de/so-funktioniert-vitality/ (Zugriff 26.03.2021, gek.)

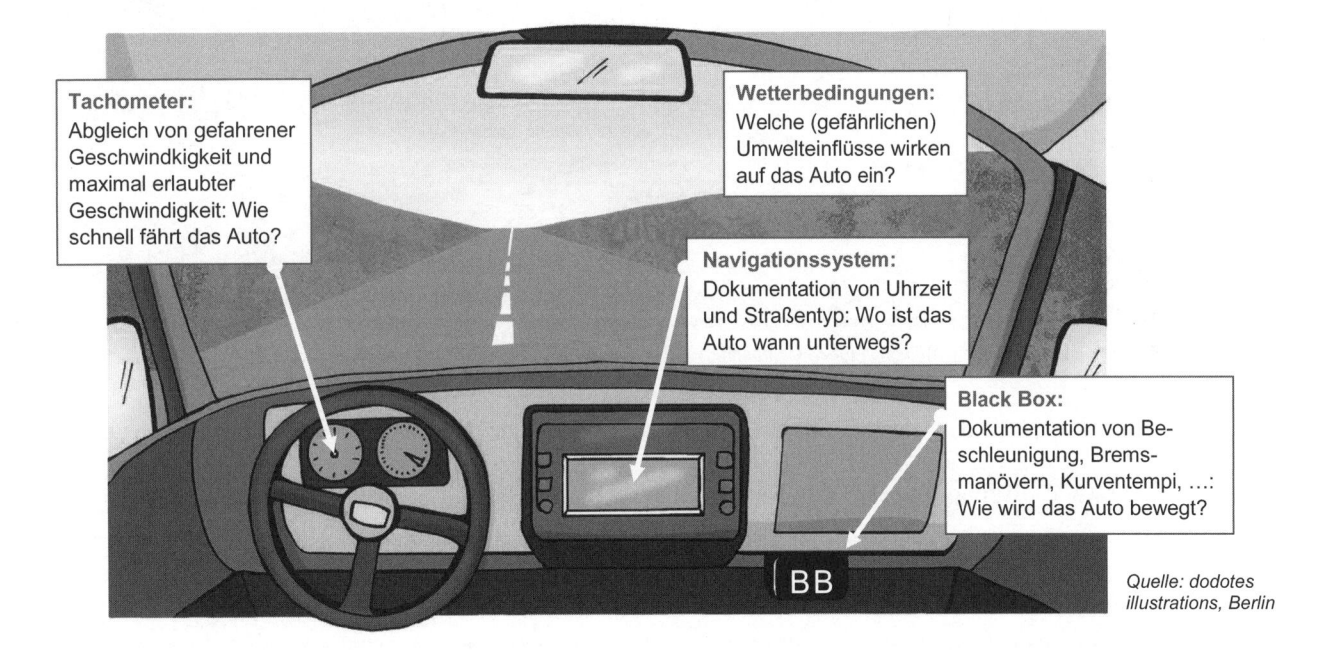

Tachometer: Abgleich von gefahrener Geschwindigkeit und maximal erlaubter Geschwindigkeit: Wie schnell fährt das Auto?

Wetterbedingungen: Welche (gefährlichen) Umwelteinflüsse wirken auf das Auto ein?

Navigationssystem: Dokumentation von Uhrzeit und Straßentyp: Wo ist das Auto wann unterwegs?

Black Box: Dokumentation von Beschleunigung, Bremsmanövern, Kurventempi, …: Wie wird das Auto bewegt?

Quelle: dodotes illustrations, Berlin

Maximilian Nowroth: Black Box verspricht Rabatte für brave Autofahrer (2015)

Seit ihrer Erfindung stecken Versicherungen in einem Dilemma: Sie können nur vermuten, welches Risiko sie mit einem Kunden eingehen. Allein der Kunde weiß, wie gefährlich er für die Assekuranz tatsächlich ist. Dieses Problem versuchen die Autoversicherer nun mithilfe von Big Data zu lösen, der massenhaften Sammlung von Daten.

Eine kleine schwarze Box am Armaturenbrett, nicht größer als eine Zigarettenschachtel und voller Elektronik, macht die Kontrolle möglich. Mal wieder zu hart gebremst? Ein Kurvenverhalten wie auf der Achterbahn? Der digitale Beifahrer petzt alle auffälligen Manöver an die Assekuranz.

Quelle: Maximilian Nowroth: Black Box verspricht Rabatte für brave Autofahrer. (29.04.2015) Unter: https://www.wiwo.de/unternehmen/versicherer/kfz-versicherung-black-box-verspricht-rabatte-fuer-brave-autofahrer/11682488.html (Zugriff 26.03.2021, gek.)

Homo Digitalis. Ewige Jugend – Eine Diskussion führen

1 Recherchieren Sie in der Mediathek des Bayerischen Rundfunks nach dem Film *Homo Digitalis – Ewige Jugend. Die Zukunft der Gesundheit*.
Sehen Sie sich den Film an und erstellen Sie dazu eine Mindmap.

2 Diskutieren Sie anschließend im Kurs die Frage: Ist der Traum vom perfekten Menschen wünschenswert?

Quelle: Alamy stock photo, Abingdon (georgemuresan)

3 Interpretieren Sie das folgende Goethe-Zitat vor dem Hintergund der Sehnsucht nach dem Ewigen Leben.

Johann Wolfgang Goethe: Die Natur (Fragment, 1783)

Natur! Wir sind von ihr umgeben und umschlungen – unvermögend aus ihr herauszutreten, und unvermögend tiefer in sie hineinzukommen. Ungebeten und ungewarnt nimmt sie uns in den Kreislauf ihres Tanzes auf und treibt sich mit uns fort, bis wir ermüdet sind und ihrem Arme entfallen. Ihr Schauspiel ist immer neu, weil sie immer neue Zuschauer schafft.
5 Leben ist ihre schönste Erfindung, und der Tod ist ihr Kunstgriff viel Leben zu haben.

Quelle: Johann Wolfgang Goethe: Die Natur, Fragment. In: Werke. Hamburger Ausgabe, Bd. 13: Naturwissenschaftliche Schriften I. dtv, München 1981, S. 46

| KV 3 obligatorisch 1/1 | Modul I: Zugänge | Juli Zeh: **Corpus Delicti** |

Die Autorin und ihre Zeit kennenlernen

Juli Zeh (geb. 1974)
Quelle: Alamy stock photo, Abingdon (Panther Media GmbH)

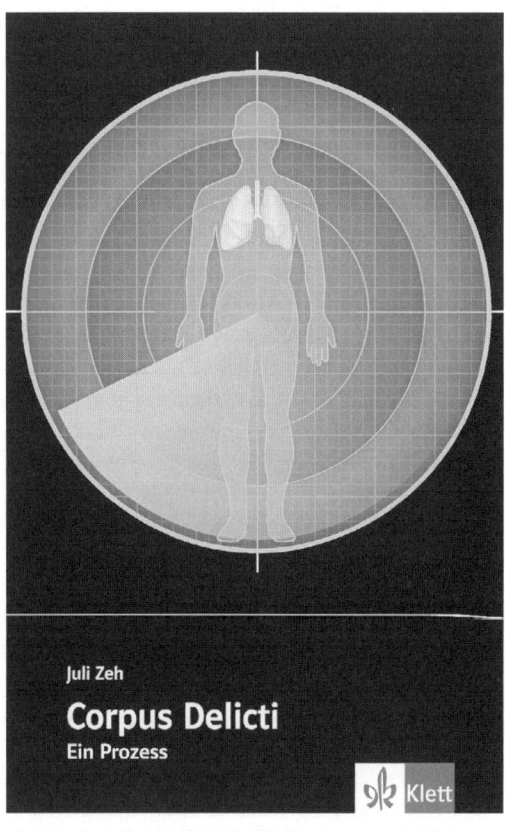

Quelle: Aus: Corpus Delicti – Ein Prozess, von Juli Zeh,
© Ernst Klett Sprachen GmbH, Stuttgart 2015

1 Am 12. November 2010 hat Juli Zeh ZEIT ONLINE ein Videointerview gegeben. Schauen Sie sich das Interview im Internet an und halten Sie die wichtigsten Aussagen zur Person der Schriftstellerin fest.

_____

_____

_____

_____

2 Formulieren Sie aufgrund des Interviews Ihre Erwartungen an den Roman. Beziehen Sie dabei auch das Buchcover mit ein.

_____

_____

_____

_____

Die Entstehung des Romans nachvollziehen

Juli Zeh: Über die Entstehungsgeschichte des Romans (2020)

Im Jahr 2006 meldete sich die *Ruhrtriennale*[1] bei mir […]. Es gab ein Motto […], und das lautete „Mittelalter". […] Mich reizte es, eine moderne Hexenjagd zu beschreiben. Das war die Keimzelle von *Corpus Delicti*.
5 Ich beschloss, von einer jungen Frau zu erzählen, die zur Ausgestoßenen wird, ja, zur Staatsfeindin. […]
Ich weiß noch, dass ich von Anfang an einen Titel wollte, in dem das Wort „Körper" vorkommt, denn es geht ja um Gesundheitswahn, um Biopolitik und um
10 Körperoptimierung. Gleichzeitig ist der Text auch eine Art Gerichtsdrama. Im Verlauf der Handlung wird Mia Holls Abweichen vom „gesunden" Lebensweg immer weiter kriminalisiert, bis sie als Terroristin verurteilt wird. Das Wort „Delicti" verweist auf diese strafrecht-
15 liche Seite. Von daher schien *Corpus Delicti* ein perfekter Titel zu sein.
[…] Am 15. September 2007 sah ich meinen Text in der *Zeche Carl* in Essen zum ersten Mal auf der Bühne. Wider Erwarten klappte alles super, die Schauspieler
20 waren toll. Vor allem die Hauptdarstellerin, Anne Ratte-Polle als Mia Holl, hat mich tief beeindruckt. Beim Publikum kam das Stück auch gut an. Nach der Aufführung hielt der Intendant der *Ruhrtriennale* hinter der Bühne eine kleine Ansprache an das Team, an alle
25 Schauspieler, die Regisseurin und andere Beteiligte. Dabei sagte er, dass es ja doch noch ein erfolgreicher Abend geworden sei, obwohl ich quasi einen unaufführbaren Text geschrieben hätte. Ich weiß noch, dass mich das damals ziemlich hart getroffen hat. Es klang
30 so, als hätte ich total versagt und die Regisseurin hätte es gerade noch geschafft, den misslungenen Text zu retten. Alle Probleme, die es während der Proben gegeben hatte, schob der Intendant mir und meinem Text in die Schuhe. Ich bin völlig frustriert nach Hause
35 gefahren und hätte *Corpus Delicti* am liebsten in irgendeiner Schublade versenkt.
[…] Glücklicherweise erwies sich die Auffassung des Intendanten als falsch. *Corpus Delicti* war nicht unaufführbar, und es war auch kein schlechter Theatertext.
40 Zwischen 2007 und 2019 wurde das Stück von gut zwanzig verschiedenen Theatern übernommen und inszeniert. Hinzu kommen unzählige Aufführungen durch Schulen, Universitäten und Laien-Theatergruppen. Und diese „Karriere" ist noch nicht zu Ende.
45 Immer wieder entscheiden sich Menschen, eine neue Version von *Corpus Delicti* auf die Bühne zu bringen. Das anhaltende Interesse ist überwältigend. […]
Im Lauf der Arbeit am Theaterstück sind immer mehr politische, gesellschaftliche und philosophische Fragen
50 aufgetaucht, die für mich sehr wichtig sind. Es geht um das Spannungsverhältnis zwischen Freiheit und Sicherheit. Es geht um die Frage, ob der Mensch eher über seinen Körper oder über seine inneren Werte zu definieren ist. Es geht um den Überwachungsstaat, um den
55 Antiterrorkampf und seine zerstörerische Kraft für demokratische Werte. Es geht um die Ambivalenz des modernen Lebens, um die Unmöglichkeit, auf rationalem Weg klare Entscheidungen zu treffen. Und auch um die Frage, was eine Freiheitskämpferin von einer
60 Terroristin unterscheidet und wer das definiert. Also um Macht, um Demokratie, um das Verhältnis von Staat und Individuum. Ich dachte, dass ein Text, der sich mit so zentralen Dingen auseinandersetzt, möglichst viele Menschen erreichen sollte. Als Theater-
65 stück kann man ihn ja immer nur sehen, wenn er in einer bestimmten Stadt auf einer bestimmten Bühne zur Aufführung gebracht wird. Aber ein Buch kann man jederzeit aus dem Regal nehmen und aufschlagen. Mein Wunsch war, dass Corpus Delicti jederzeit für
70 alle Interessierten zugänglich sein sollte. […]
Der Ursprungstext war eine Ansammlung von Prosafragmenten, durchmischt mit Dialogen. Im Grunde war der Weg vom Drama zum Roman also gar nicht so weit. Ich finde, man merkt *Corpus Delicti* immer noch deut-
75 lich an, dass es als Drama auf die Welt gekommen ist. […]
Eine Zeit lang habe ich überlegt, den Text lieber noch einmal komplett neu zu schreiben, vielleicht in der Form eines richtigen Thrillers. Aber mein Mann meinte,
80 dass *Corpus Delicti* so, wie es auf die Welt gekommen ist, wahrscheinlich am besten funktioniert.

[1] Ruhrtriennale: Internationales Kunstfestival im Ruhrgebiet

Quelle: Juli Zeh: Fragen zu Corpus Delicti. München, btb, S. 19, 22–26

1 Fassen Sie zusammen, welche Themen und Fragen Juli Zeh bei der Abfassung des Theaterstücks beschäftigt haben.

2 Teilen Sie die verschiedenen Themen im Kurs auf und erstellen Sie dazu Mindmaps.

3 Sammeln Sie Gründe für das anhaltende Interesse am Roman.

4 Vergleichen Sie den folgenden Dramenausschnitt mit dem entsprechenden Romankapitel (S. 20 ff.).
– Benennen Sie Gemeinsamkeiten und Unterschiede.
– Beschreiben Sie die Wirkung des Dramentextes.

(4) PFEFFER

LIZZIE: Und wat hör ich ausm Kinderzimmer? Hatschupfüah, hatschupfüah!
LEBERTSCHE: Mensch, Lizzie, das klingt doch wie …
LIZZIE: Sag's ruhig, Lebertsche!
5 **LEBERTSCHE:** Wie n Niesen!
DRISS: So ein Quatsch!
LIZZIE: Wieso Quatsch, Driss?
DRISS: Erkältung ist seit n Zwanzigern ausgestorben!
LIZZIE: Danke schön, Fräulein Driss, dat weiß ich
10 selbst, in den Zwanzigern warst du noch Quark im Schaufenster.
LEBERTSCHE: Mensch, Lizzie, es war doch wieder Warnung in letzter Zeit!
LIZZIE: Siehste, Driss, die Lebertsche liest den
15 GESUNDEN MENSCHENVERSTAND. Es war nämlich Warnung. Wat meinste, wie ich gerannt bin! Und wat seh ich? Sitzt meine Kleine mit dem Bengel von der Ute im Kinderzimmer und hat die Nase in ner Pfeffertüte und niest wie n Weltmeister.
20 **DRISS:** Die ham Arzt gespielt!
LIZZIE: Klar! *Alle lachen.*
DRISS: Und deine Kleine war die Patientin!
LIZZIE: So isses, Driss, aber wer fast krank geworden ist vor Angst, dat war ich!
25 *Der Chor der Nachbarinnen steht tagein, tagaus im Treppenhaus. Man kennt das Bild: Lizzie stützt sich auf den Schlauch der Desinfektionsmaschine, die Lebertsche lehnt am Kasten des Bakteriometers, und Driss hat beide Arme auf das Treppengeländer gelegt. Als die*
30 *Haustür aufgeht, verstummen alle drei mit einem Schlag. Da ist er wieder: Der Mann im dunklen Anzug. Sein Gesicht ist zur Hälfte von einem weißen Tuch verdeckt, aber dem Chor der Nachbarinnen genügt ein Blick in seine Augen, um zu erkennen, wie schön er ist.*
35 **KRAMER:** Santé! Einen guten Tag, die Damen.
LIZZIE: *anzüglich* Ein guter Tag, ein sehr guter Tag!
DRISS: Santé!
LEBERTSCHE: Santé!
DRISS: Aber, mein Herr, Sie müssen hier drin nicht …
40 **LEBERTSCHE:** Der Mundschutz!
LIZZIE: Jetzt seid doch mal ruhig, Kinder! – Sie brauchen hier keinen Mundschutz. Dat is n Wächterhaus.
KRAMER: *löst das Band hinter dem Kopf* Wie dumm von mir. Da war doch die Plakette am Eingang.

Quelle: Juli Zeh: Corpus Delicti. Rowohlt-Theaterverlag, Hamburg 2007, S. 14 f.

Aufführung anlässlich der „Ruhrtriennale" (2007, Regie: Anja Gronau)
Quelle: Picture-Alliance, Frankfurt/M. (dpa/Bernd Thissen)

Den Romananfang verstehen

Juli Zeh: Corpus Delicti – Das Vorwort (2009)

Gesundheit ist ein Zustand des vollkommenen körperlichen, geistigen und sozialen Wohlbefindens – und nicht die bloße Abwesenheit von Krankheit.
Gesundheit könnte man als den störungsfreien Lebensfluss in allen Körperteilen, Organen und Zellen definieren, als einen Zustand geistiger und körperlicher Harmonie, als ungehinderte Entfaltung des biologischen Energiepotentials. Ein gesunder Organismus steht in funktionierender Wechselwirkung mit seiner Umwelt.
Der gesunde Mensch fühlt sich frisch und leistungsfähig. Er besitzt optimistisches Rüstungsvertrauen, geistige Kraft und ein stabiles Seelenleben.
Gesundheit ist nichts Starres, sondern ein dynamisches Verhältnis des Menschen zu sich selbst. Gesundheit will täglich erhalten und gesteigert sein, über Jahre und Jahrzehnte hinweg, bis ins höchste Alter. Gesundheit ist nicht Durchschnitt, sondern gesteigerte Norm und individuelle Höchstleistung. Sie ist sichtbar gewordener Wille, ein Ausdruck von Willensstärke in Dauerhaftigkeit. Gesundheit führt über die Vollendung des Einzelnen zur Vollkommenheit des gesellschaftlichen Zusammenseins. Gesundheit ist das Ziel des natürlichen Lebenswillens und deshalb natürliches Ziel von Gesellschaft, Recht und Politik. Ein Mensch, der nicht nach Gesundheit strebt, wird nicht krank, sondern ist es schon.
(Aus dem Vorwort zu: Heinrich Kramer, „Gesundheit als Prinzip staatlicher Legitimation", Berlin, München, Stuttgart, 25. Auflage)

Quelle: Juli Zeh: Corpus Delicti. Ernst Klett Sprachen, Stuttgart 2015, S. 7 f.

1 Fassen Sie zusammen, wie Kramer Gesundheit definiert.

2 Nehmen Sie Stellung zu der von Kramer formulierten Position zum Thema Krankheit.

3 Lesen Sie das 2. Kapitel des Romans, *Das Urteil* (S. 9 f.), und fassen Sie dessen Inhalt zusammen.

4 Stellen Sie Vermutungen darüber an, warum die Kapitel *Das Vorwort* und *Das Urteil* den Roman eröffnen und welche Funktion sie innerhalb des Romans haben.

Leseeindrücke während der Lektüre festhalten

An Juli Zehs Roman „Corpus Delicti. Ein Prozess" aus dem Jahr 2009 ...

... fand ich interessant und spannend:

_____

_____

_____

_____

... hat mich nicht überzeugt:

_____

_____

_____

_____

In diesem Roman ...

... habe ich folgende Formulierungen, Sachverhalte und Szenen nicht verstanden:

_____

_____

_____

... würde ich gern mehr wissen über:

_____

_____

_____

1 Notieren Sie während der Lektüre des Romans zu allen vier Aspekten Ihre Eindrücke und Fragen.

2 Fassen Sie nach der Lektüre Ihre wesentlichen Resultate komprimiert zusammen.

_____

_____

_____

_____

_____

_____

_____

_____

Die Entfaltung des Handlungskonflikts erfassen

1 Lesen Sie die Kapitel 3 bis 9 (S. 11–46).

2 Tragen Sie in die folgende Tabelle zu den vorgegebenen Aspekten Ihre Ergebnisse ein.

Hauptpersonen – Protagonist(en) und Antagonist(en)	
Erste Charakterisierung der Hauptpersonen	1. 2. 3. 4.
Der zentrale Konflikt	
Weitere Konflikte	
Gesellschaftliche Zustände	
Aufbau des Romans und Erzählweise	

Den chronologischen Aufbau erkennen

1 Wenn man von den Kapiteln *Das Vorwort* und *Das Urteil* absieht, kann man eine deutliche chronologische Zeitstruktur innerhalb des Romans erkennen. Tragen Sie zunächst zur besseren Übersicht die einzelnen Kapitel in die folgende Tabelle ein. Verwenden Sie dabei nicht die Kapitelüberschriften, sondern eigene sinnvolle Titel, die die Handlung knapp zusammenfassen. – Setzen Sie die Tabelle selbstständig fort.

2 Beschreiben Sie anhand der Übersicht die Zeitstruktur des Romans.

3 Schildern Sie, wie die Überschriften zunächst auf Sie gewirkt haben und welche Bedeutung nun – nach Beendigung der Lektüre – die Wahl der Überschriften für Sie gewonnen hat.

Kapitel	Seiten	Erzählgegenwart	Erzählvergangenheit
1	7–8	Vorwort (ohne chronologische Zuordnung)	
2	9–10		
7	33–35		Moritz findet die tote Sibylle und erklärt sich trotz eines positiven DNA-Tests für unschuldig.
11	49–50	Mia wird von Sicherheitswächtern zum Arzt gebracht, der ihr vollkommene Gesundheit attestiert.	

Schauplätze der Handlung untersuchen

> **Info — Raumgestaltung**
>
> Der Schauplatz, an dem ein bestimmtes Ereignis stattfindet, kann eine über die Handlung hinausreichende besondere Bedeutung haben.
> - Ein Schauplatz ist immer auch Ausdruck eines sozialen Milieus, welches die Figuren in ihrem Denken, Fühlen und Handeln prägt und auch charakterisiert.
> - Verdichten räumliche Gegebenheiten die Thematik bzw. den Inhalt des Erzählten, so spricht man von Symbolraum (z. B. durch Kontraste wie eng/weit oder oben/unten oder durch besondere landschaftliche Gegebenheiten wie Turm, Schlucht, …).
> - Unterstreicht ein Schauplatz die Stimmungslage von Figuren (z. B. Sonnenschein, wenn die Figur selbst heiter und ausgelassen ist), so spricht man von Stimmungsraum.

1 Lesen Sie sich die folgenden Raumbeschreibungen aus *Corpus Delicti. Ein Prozess* durch und ordnen Sie diese den jeweiligen Romankapiteln zu.

2 Schlagen Sie die Stellen nach und analysieren Sie Wirkung und Funktion der verschiedenen Räume. Verwenden Sie dabei die eingeführten Begriffe (s. Infokasten).

	Zitate	Kapitel	Wirkung und Funktion
1	Rings um zusammengewachsene Städte bedeckt Wald die Hügelketten. Sendetürme zielen auf weiche Wolken, deren Bäuche schon lange nicht mehr grau sind […]. Hier und da schaut das große Auge eines Sees, bewimpert von Schilfbewuchs, in den Himmel – stillgelegte Kies- und Kohlegruben, vor Jahrzehnten geflutet. Unweit der Seen beherbergen stillgelegte Fabriken Kulturzentren; ein Stück stillgelegter Autobahn gehört gemeinsam mit den Glockentürmen einiger stillgelegter Kirchen zu einem malerischen, wenn auch selten besuchten Freilichtmuseum. Hier stinkt nichts mehr. Hier wird nicht mehr gegraben, gerußt, aufgerissen und verbrannt; hier hat eine zur Ruhe gekommene Menschheit aufgehört, die Natur und damit sich selbst zu bekämpfen. Kleine Würfelhäuser mit weiß verputzten Fassaden sprenkeln die Hänge, ballen sich zusammen und wachsen schließlich zu terrassenförmig gestuften Wohnkomplexen an. Die Flachdächer bilden eine schier endlose Landschaft, dehnen sich bis zu den Horizonten und gleichen, das Himmelsblau spiegelnd, einem erstarrten Ozean: Solarzellen, eng beieinander und in Millionenzahl.		
2	Unter dem besonders lang gezogenen Flachdach des Amtsgerichts geht Justitia ihren Routinegeschäften nach. Die Luft im Raum 20/09, in dem die Güteverhandlungen zu den Buchstaben F bis H stattfinden, ist auf exakt 19,5 Grad klimatisiert, weil der Mensch bei dieser Temperatur am besten denken kann.		
3	„Moritz", sagt sie und glaubt, die eigene Stimme aus einer völlig anderen Ecke des Raums zu hören, „hat mir einmal erklärt, dass das Rauchen einer Zigarette wie eine Zeitreise sei. Es versetze ihn in Räume, in denen er sich … frei fühle."		

	Zitate	Kapitel	Wirkung und Funktion
4	Es sind Möbel hinzugekommen, Möbel und Menschen. Mehr Tische, Stühle und schwere Pulte, mehr schwarze Puppen und erstmalig seit dem Beginn von Mias Prozess ein paar Zuschauer in Zivil. […] Der Raum wirkt größer, was daran liegt, dass es der Hauptverhandlungssaal ist.		
5	Vor Mias verschwommenem Blick hat der Saal kein Ende; die Menge der Zuschauer reicht bis zu allen Horizonten. Unter den schwarzen Puppen sucht sie vergeblich jene mit dem blonden Pferdeschwanz. […] Mia findet es nicht unangenehm, in einen Käfig gesperrt zu sein. Auf diese Weise kann sie das Spektakel wie aus einer Theater-Loge verfolgen. Störend ist nur das Zischen der Zerstäuber, die in den Ecken des Käfigs angebracht sind und Mia alle paar Sekunden mit Desinfektionsmittel besprühen.		
6	In Wohnkomplexen, deren Hausgemeinschaft sich durch besondere Zuverlässigkeit auszeichnet, können Aufgaben der hygienischen Prophylaxe von den Bewohnern in Eigenregie übernommen werden. Regelmäßige Messungen der Luftwerte gehören ebenso dazu wie Müll- und Abwasserkontrolle und die Desinfizierung aller öffentlich zugänglichen Bereiche. Ein Haus, in dem diese Form der Selbstverwaltung funktioniert, wird mit einer Plakette ausgezeichnet und erhält Rabatte auf Strom und Wasser.		
7	Unter tief hängenden Zweigen schlugen sie sich geduckt durch die Büsche. Der Trampelpfad gehörte ihnen allein. Am Ufer des Flusses öffnete sich eine kleine Lichtung, von Baumkronen beschattet. Moritz nannte den Ort „unsere Kathedrale". Hier wird gebetet, behauptete er gern. Darunter verstand er reden, schweigen und angeln.		
8	Vielleicht ist es der friedlichste Moment seit Wochen. Vielleicht sogar seit Monaten. Die Liege ist bequem, der Raum sauber, die Luft klimatisiert.		

Quelle: Juli Zeh: Corpus Delicti. Ernst Klett Sprachen, Stuttgart 2015

| Modul II: | Juli Zeh: |
| Inhalt, Handlungskonflikt, Struktur | **Corpus Delicti** |

Das System der METHODE analysieren

Quelle: Alamy stock photo, Abingdon (Zoonar GmbH)

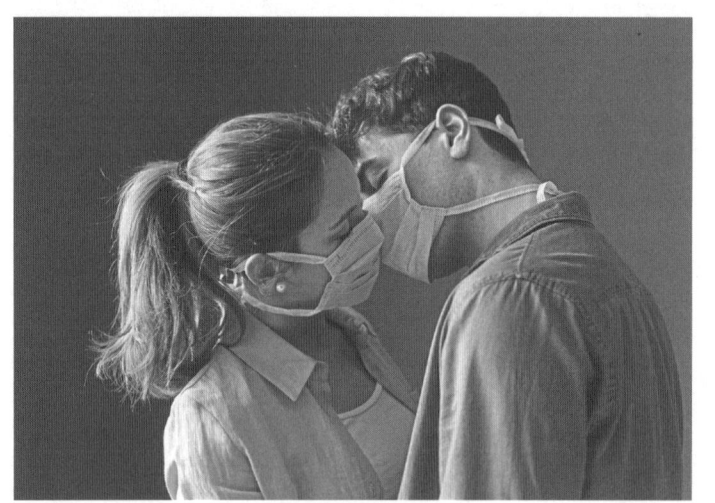

Quelle: Getty Images Plus, München (iStock / cyano66)

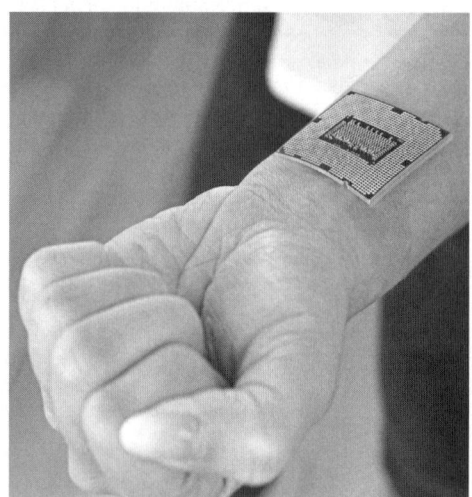

Quelle: Alamy stock photo, Abingdon (Panther Media GmbH)

1 Entscheiden Sie, welche der Abbildungen am besten das Gesundheitssystem im Roman *Corpus Delicti. Ein Prozess* wiedergibt. Begründen Sie Ihre Wahl.

Modul II: Inhalt, Handlungskonflikt, Struktur

Juli Zeh: Corpus Delicti

2 Analysieren Sie in Kleingruppen die Besonderheiten und Kennzeichen der METHODE. Nutzen Sie die folgende Tabelle.

Thema	Seiten	Analyse-Ergebnisse
Ideologie, Überzeugungen	7 f., 36 f., 41 f., 83–89, 180–183, 186 f., 199 ff.	Die Erhaltung und Steigerung der Gesundheit stellt im Methoden-Staat den höchsten Wert dar.
Rechtssystem, Staatsorgane, Institutionen	12–19, 51 f., 98–104, 138–140, 192–194, 222–226, 229–236, 252 f., 263	
Gesundheitsvorsorge, Sozialhygiene, Liebe	11–19, 20–24, 41, 53, 60–63, 65, 66, 79, 90 f., 100, 112–114, 116–118, 135, 141, 233, 248	
Lebens- und Genussmittel	13 f., 37, 49, 63, 65, 67, 80, 91, 171–174, 206 f.	

3 Diskutieren Sie aufgrund Ihrer Ergebnisse die Frage, ob der Methodenstaat eine Diktatur ist. Ziehen Sie zu Ihrer Beurteilung die Definition von Diktatur im Infokasten hinzu.

Info

Merkmale von Diktaturen
- Eine Person, Gruppe oder Organisation hat das Machtmonopol. Eine Gewaltenteilung ist nicht gewährleistet.
- Grundrechte werden abgeschafft.
- Der gesellschaftlich-politische Pluralismus wird außer Kraft gesetzt. (Ausschaltung einer Opposition)
- Schaffung einer Einheitspartei mit Massenorganisationen.
- Eine Ideologie wird zur herrschenden und beansprucht alle Bereiche des menschlichen Lebens.
- Die Freiheit der Presse wird abgeschafft, Medien gleichgeschaltet und durch Zensur ein Informationsmonopol gesichert.
- Die Macht wird durch außergesetzliche Gewalt staatlicher und parastaatlicher Repressionsapparate abgesichert.

Quelle: Diktatur | Brandenburgische Landeszentrale für politische Bildung
https://www.politische-bildung-brandenburg.de/demokratie/was-ist-eine-diktatur (Zugriff 26.03.2021)

Den Fall Moritz Holl verstehen und hinterfragen

1 Erläutern Sie die Hintergründe und Auswirkungen des Vorfalls, der Moritz Holl zur Last gelegt wird.

Juli Zeh: Corpus Delicti – Genetischer Fingerabdruck (2009)

Der Vorfall, von dem hier gesprochen wird, liegt nicht lang zurück. Ein Blick auf die Fakten zeigt ein verblüffend simples Geschehen. Moritz Holl, 27 Jahre alt, ein zugleich sanfter und hartnäckiger Mann, der von seinen Eltern „Träumer", von Freunden „Freidenker" und von seiner Schwester Mia meistens „Spinner" genannt wurde, meldete in einer gewöhnlichen Samstagnacht einen schrecklichen Fund bei der Polizei. Eine junge Frau namens Sibylle, mit der er sich nach eigenen Angaben zu einem Blind Date an der Südbrücke verabredet hatte, war bei seinem Eintreffen weder sympathisch noch unsympathisch, sondern tot. Man nahm die Zeugenaussage des völlig verstörten Moritz zu Protokoll und schickte ihn nach Hause. Zwei Tage später saß er in Untersuchungshaft. Man hatte sein Sperma im Körper der Vergewaltigten gefunden.

Der DNA-Test beendete das Ermittlungsverfahren. Jeder normale Mensch weiß, dass der genetische Fingerabdruck unverwechselbar ist. Nicht einmal Zwillinge besitzen dasselbe Erbmaterial, und Moritz hatte lediglich eine gewöhnliche Schwester, die als Naturwissenschaftlerin selbst am besten wusste, was genetische Unverwechselbarkeit bedeutet. Eine Verurteilung aufgrund eines solchen Beweises ist juristische Routine.

Mörder legen in solchen Fällen ein Geständnis ab. Sie tun es früher oder später, aber sie gestehen auf jeden Fall. […] Aber Moritz ignorierte die Fakten. Er bestand darauf, Sibylle weder vergewaltigt noch getötet zu haben. Während das Publikum vor dem Nachmittagsprogramm saß und ein schnelles Verfahren erwartete, beteuerte Moritz seine Unschuld, mit weit geöffneten, blauen Augen, das blasse Gesicht gehärtet von der eigenen Überzeugung. Bei jeder Gelegenheit wiederholte er einen Satz, der ins Ohr ging wie ein Schlagerrefrain: „Ihr opfert mich auf dem Altar eurer Verblendung." Kein Mörder der jüngeren Rechtsgeschichte hatte sich jemals so verhalten. Die Bürger eines gut funktionierenden Staates sind daran gewöhnt, dass öffentliches und persönliches Wohl zur Deckung gebracht werden, auch und gerade in den finstersten Winkeln der menschlichen Existenz. Moritz' Auftritte vor Gericht verursachten einen Presseskandal. Stimmen wurden laut, die mit seiner Konsequenz sympathisierten und einen Aufschub der Urteilsvollstreckung forderten. Andere begannen ihn umso mehr zu verabscheuen, nicht nur für die Bluttat, sondern vor allem für seine Uneinsichtigkeit.

Quelle: Juli Zeh: Corpus Delicti. Ernst Klett Sprachen, Stuttgart 2015, S. 33 f.

2 Beschreiben Sie anhand der folgenden Zitate die Lebensanschauung von Moritz Holl.

3 Begründen Sie, warum seine Überzeugungen und seine Auffassung vom Leben konträr zum System der METHODE stehen.

> Das Leben ist ein Angebot, das man auch ablehnen kann. (S. 28; vgl. auch S. 46)

> Erst hat die naturwissenschaftliche Erkenntnis das göttliche Weltbild zerstört und den Menschen ins Zentrum des Geschehens gerückt. Dann hat sie ihn dort stehen lassen, ohne Antworten, in einer Lage, die nichts weiter als lächerlich ist. (S. 26 f.)

> Er wollte für die Liebe leben, und wenn man ihm zuhörte, konnte man auf die Idee kommen, dass Liebe schlicht ein anderes Wort war für alles, was ihm gefiel. Liebe war Natur, Freiheit, Frauen, Fische fangen, Unruhe stiften. Anders sein. Noch mehr Unruhe stiften. Das alles hieß bei ihm Liebe. (S. 27)

> Wie, fragte er, soll man einen Gegenstand oder gar ein geliebtes Wesen betrachten, wenn man ständig daran denken muss, dass nicht nur das Betrachtete, sondern auch man selbst nur ein Teil des gigantischen Atomwirbels ist, aus dem alles besteht? Wie soll man es ertragen, dass sich das Gehirn, unser einziges Instrument des Sehens und Verstehens, aus den gleichen Bausteinen zusammensetzt wie das Gesehene und Verstandene? Was, rief Moritz dann, soll das sein: Materie, die sich selbst anglotzt? (S. 26; vgl. auch S. 237)

Modul II: Inhalt, Handlungskonflikt, Struktur

Juli Zeh: Corpus Delicti

In meinen Träumen seh ich eine Stadt zum Leben […] Wo die Häuser Frisuren tragen aus rostigen Antennen. Wo Eulen in geborstenen Dachstühlen wohnen. Wo laute Musik, Rauchskulpturen und das satte Klicken von Billardkugeln aus den oberen Stockwerken maroder Industrieanlagen dringen. Wo jede Laterne aussieht, als beleuchte sie einen Gefängnishof. Wo man Fahrräder zum Abstellen ins Gebüsch drückt und Wein aus schmutzigen Gläsern trinkt. Wo alle jungen Mädchen die gleiche Jeansjacke tragen und ständig Hand in Hand gehen, als hätten sie Angst. Angst vor den anderen. Vor der Stadt. Vor dem Leben. Dort laufe ich barfuß durch Baustellen und sehe zu, wie mir der Matsch durch die Zehen quillt. (S. 62 f.)

Hier endet der nach Paragraph 17 Desinfektionsordnung kontrollierte Bereich. Verlassen des Hygienegebiets wird nach Paragraph 18 Desinfektionsordnung als Ordnungswidrigkeit zweiten Grades bestraft. […] Das Nicht-Verlassen des Hygienegebiets wird jedoch als Idiotie ersten Grades mit äußerer Versteinerung und innerer Totalverblödung bestraft. (S. 90)

Im Gegensatz zum Tier kann ich mich über die Zwänge der Natur erheben. Ich kann Sex haben, ohne mich vermehren zu wollen. Ich kann Substanzen konsumieren, die mich für eine Weile von der sklavischen Ankettung an den Körper erlösen. Ich kann den Überlebenstrieb ignorieren und mich in Gefahr bringen, allein um den Reiz der Herausforderung willen. Dem wahren Menschen genügt das Dasein nicht, wenn es ein bloßes Hier-Sein meint. Der Mensch muss sein Dasein *erfahren*. Im Schmerz. Im Rausch. Im Scheitern. Im Höhenflug. Im Gefühl der vollständigen Machtfülle über die eigene Existenz. Über das eigene Leben und den eigenen Tod. Das […] *ist* Liebe. (S. 92)

Weißt du, wann unsere Welt endlich sicher sein wird? Wenn alle Menschen in Reagenzgläsern liegen, eingebettet in Nährlösung und ohne Möglichkeit, einander zu berühren! Was soll denn das Ziel dieser Sicherheit sein? Ein Dahinvegetieren im Zeichen einer falsch verstandenen Normalität? Erst wenn eine einzige Idee über die der Sicherheit hinausgeht, erst dort, wo der Geist seine physischen Bedingungen vergisst und sich auf das Überpersönliche richtet, beginnt der allein menschenwürdige, im höheren Sinn folglich der allein normale Zustand! (S. 93)

Ja, ich kann mich umbringen. Nur wenn ich mich auch für den Tod entscheiden kann, besitzt die Entscheidung zugunsten des Lebens einen Wert! […] Um frei zu sein, darf man den Tod nicht als Gegenteil des Lebens begreifen. Oder ist das Ende einer Angelschnur das Gegenteil der Angelschnur? (S. 94)

Ich bringe einen Strauß Parolen zum Rendezvous, den Duft der Freiheit und die Süße der Revolution. (S. 96)

Man muss flackern. Subjektiv, objektiv. Subjektiv, objektiv. Anpassung, Widerstand. An, aus. Der freie Mensch gleicht einer defekten Lampe. (S. 149; vgl. auch S. 238)

Quelle: Juli Zeh: Corpus Delicti. Ernst Klett Sprachen, Stuttgart 2015, S. 26 f., 27, 28, 46, 62f., 90, 92, 93, 94, 96, 149

Modul III: Figurencharakterisierung

Juli Zeh: Corpus Delicti

Figurenkonstellationen mit Standbildern darstellen

1 Erstellen Sie in Kleingruppen Standbilder, die zeigen, wie die einzelnen Figuren zueinander stehen.

Quelle: Alamy stock photo, Abingdon (Zoonar GmbH)

Ein erweitertes Standbild bauen

Gehen Sie folgendermaßen vor:
- Entscheiden Sie sich für eine Gruppierung der Figuren (Nähe, Distanz).
- Legen Sie Gestik, Mimik, Blickrichtung und Körperhaltung fest.
- Wählen Sie für jede Figur ein bis zwei charakteristische Sätze aus.
- Entscheiden Sie über die Reihenfolge der Äußerungen.
- Achten Sie auf eine passende Sprechweise der einzelnen Figuren.

→ *Wichtig ist, dass die verschiedenen Einstellungen und Interessen der Figuren zum Ausdruck kommen.*

Gruppe 1
Mia Holl
Moritz Holl
Die ideale Geliebte

Gruppe 2
Mia Holl
Heinrich Kramer
Moritz Holl

Gruppe 3
Mia Holl
Heinrich Kramer
Dr. Ernest Hutschneider
Sophie
Staatsanwalt Bell
Dr. Lutz Rosentreter

Gruppe 4
Mia Holl
Heinrich Kramer
Lizzie
Pollsche
Driss

Gruppe 5
Mia Holl
Moritz Holl
Walter Hannemann
Sibylle Meiler

Modul III: Figurencharakterisierung

Juli Zeh: Corpus Delicti

Mia Holl – Die Protagonistin charakterisieren

1 Im Folgenden sehen Sie Aufnahmen aus Theaterinszenierungen zu *Corpus Delicti*. Stellen Sie begründete Vermutungen darüber an, in welchen Szenen bzw. Konstellationen Mia Holl jeweils zu sehen ist.

2 Diskutieren Sie, welche Darstellerin Ihren Vorstellungen von Mia Holl am nächsten kommt.

Inszenierung am Theater an der Parkaue Berlin (2017, Regie: Marie Schleef)
Quelle: Brachwitz, Christian, Berlin

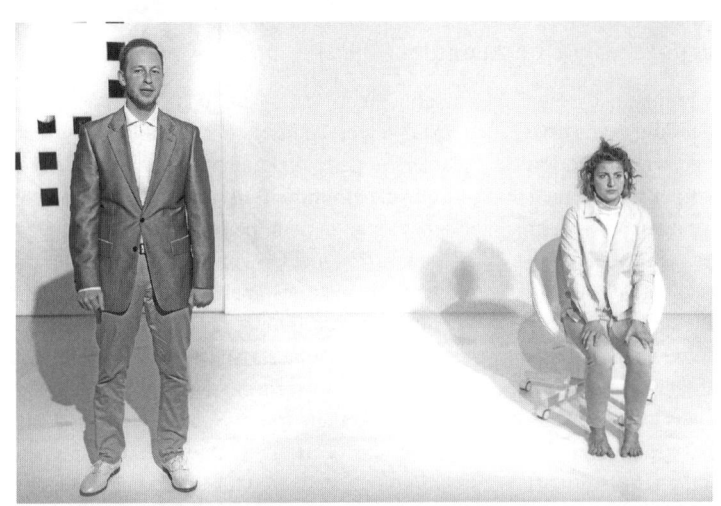

Inszenierung am Schauspiel Frankfurt (2019, Regie: Marie Schwesinger)
Quelle: Schittko, Robert, Offenbach

Inszenierung am Rheinischen Landestheater Neuss (2016, Regie: Bettina Jahnke)
Quelle: Hickmann, Björn, Dortmund

Inszenierung am Deutschen Theater Berlin (2009, Regie: Michael Schweighöfer)
Quelle: imago images, Berlin (DRAMA-Berlin.de)

Mia Holl – Widerstandsformen differenzieren

Juli Zeh: Corpus Delicti – Heinrich Kramer über Widerstand (2009)

Ich verabscheue das Rückständige der Freigeisterei, dieses altmodische Überbleibsel bürgerlicher Aufklärung. Mir ist der infantile Partisanenstolz zuwider, der immer meint, gegen Herrschaft und Autorität den Helden spielen zu müssen. Der Widerständler ist sich zu fein, zu dumm oder zu faul, um jene Macht zu erobern, die er zum Wirken brauchte. Deshalb erklärt er die ganze Welt zur sauren Traube, stellt sich daneben und beginnt sein Protestgeschrei. Sie können es an unzähligen Beispielen beobachten: Gibt man dem Freiheitskämpfer Macht und Ansehen innerhalb der verhassten Maschinerie, wird er sogleich still und werkelt fortan in aller Treuherzigkeit vor sich hin. Was lehrt uns das über die Menschen, Frau Holl? Sie tauschen gern ein X gegen ein U, wenn es nur dazu dient, ihre Eigenliebe zu befriedigen.

Quelle: Juli Zeh: Corpus Delicti. Ernst Klett Sprachen, Stuttgart 2015, S. 182

1 Erläutern Sie die Argumentation von Heinrich Kramer und entwerfen Sie eine Antwort von Mia Holl dazu.

2 Mia entwickelt sich im Laufe des Romans von der „[e]rfolgreiche[n] Biologin mit Idealbiographie" (S. 19) zur Systemkritikerin. Zeigen Sie auf, zu welchem Zeitpunkt und aus welchem Grund sie ihre Einstellung zur METHODE ändert.

3 Lesen Sie das Kapitel *Wie die Frage lautet* und fassen Sie Mias politische Überzeugung in eigenen Worten zusammen.

Juli Zeh: Corpus Delicti – Mias politische Überzeugung (2009)

Ich entziehe einer Gesellschaft das Vertrauen, die aus Menschen besteht und trotzdem auf der Angst vor dem Menschlichen gründet. Ich entziehe einer Zivilisation das Vertrauen, die den Geist an den Körper verraten hat. Ich entziehe einem Körper das Vertrauen, der nicht mein eigenes Fleisch und Blut, sondern eine kollektive Vision vom Normalkörper darstellen soll. Ich entziehe einer Normalität das Vertrauen, die sich selbst als Gesundheit definiert. Ich entziehe einer Gesundheit das Vertrauen, die sich selbst als Normalität definiert. Ich entziehe einem Herrschaftssystem das Vertrauen, das sich auf Zirkelschlüsse stützt. Ich entziehe einer Sicherheit das Vertrauen, die eine letztmögliche Antwort sein will, ohne zu verraten, wie die Frage lautet. Ich entziehe einer Philosophie das Vertrauen, die vorgibt, dass die Auseinandersetzung mit existentiellen Problemen beendet sei. Ich entziehe einer Moral das Vertrauen, die zu faul ist, sich dem Paradoxon von Gut und Böse zu stellen und sich lieber an „funktioniert" oder „funktioniert nicht" hält. Ich entziehe einem Recht das Vertrauen, das seine Erfolge einer vollständigen Kontrolle des Bürgers verdankt. Ich entziehe einem Volk das Vertrauen, das glaubt, totale Durchleuchtung schade nur dem, der etwas zu verbergen hat. Ich entziehe einer METHODE das Vertrauen, die lieber der DNA eines Menschen als seinen Worten glaubt. Ich entziehe dem allgemeinen Wohl das Vertrauen, weil es Selbstbestimmtheit als untragbaren Kostenfaktor sieht. Ich entziehe dem persönlichen Wohl das Vertrauen, solange es nichts weiter als eine Variation auf den kleinsten gemeinsamen Nenner ist. Ich entziehe einer Politik das Vertrauen, die ihre Popularität allein auf das Versprechen eines risikofreien Lebens stützt. Ich entziehe einer Wissenschaft das Vertrauen, die behauptet, dass es keinen freien Willen gebe. Ich entziehe einer Liebe das Vertrauen, die sich für das Produkt eines immunologischen Optimierungsvorgangs hält. Ich entziehe Eltern das Vertrauen, die ein Baumhaus „Verletzungsgefahr" und ein Haustier „Ansteckungsrisiko" nennen. Ich entziehe einem Staat das Vertrauen, der besser weiß, was gut für mich ist, als ich selbst. Ich entziehe jenem Idioten das Vertrauen, der das Schild am Eingang unserer Welt abmontiert hat, auf dem stand: „Vorsicht! Leben kann zum Tode führen."
Ich entziehe mir das Vertrauen, weil mein Bruder sterben musste, bevor ich verstand, was es bedeutet zu leben.

Quelle: Juli Zeh: Corpus Delicti. Ernst Klett Sprachen, Stuttgart 2015, S. 186 f.

Modul III: Figurencharakterisierung

Juli Zeh: Corpus Delicti

4 Erläutern Sie anhand des folgenden Auszugs aus dem Kapitel *Freiheitsstatue*, welches Selbstbild als Widerstandskämpferin Mia in der Haft von sich gewonnen hat.

Juli Zeh: Corpus Delicti – Freiheitsstatue (2009)

Man nennt es die Entstehung einer Integrationsfigur. Alle Skeptiker, Unzufriedenen und Andersdenkenden, die ein Leben lang geglaubt haben, mit ihren Zweifeln allein zu sein, erleben plötzlich das beglückende Gefühl der Gemeinsamkeit. Ich bin die Projektionsfläche dieses Glücks. Ein Bild an einer weißen Wand. Ganzkörper, nackt, von vorn und hinten.
5 Eine Freiheitsstatue, geformt aus Fleisch und Knochen.

Quelle: Juli Zeh: Corpus Delicti. Ernst Klett Sprachen, Stuttgart 2015, S. 197 f.

5 Lesen Sie in dem Kapitel noch einmal nach, warum sie sich von der Widerstandsgruppe R.A.K. distanziert.

6 Informieren Sie sich über den Widerstand bzw. politischen Kampf folgender Frauen in Geschichte und Gegenwart. Diskutieren Sie im Kurs, mit welcher der Frauen sich Mia und ihr Widerstandskampf am ehesten vergleichen lassen. Legen Sie dabei folgende Kriterien zugrunde:
– Anlass und Beweggründe
– Ideale und Weltbild
– Gegner und Feindbild
– Mittel und Aktionen

Sophie Scholl (1921–1943)
Quelle: akg-images, Berlin (George (Jürgen) Wittenstein)

Ulrike Meinhof (1934–1976)
Quelle: ullstein bild, Berlin (Max Ehlert)

Bärbel Bohley (1945–2010)
Quelle: Getty Images, München (Pool HIRES/MERILLON)

Carola Rackete (geb. 1988)
Quelle: imago images, Berlin (Future Image / C. Hardt)

Malala Yousafzai (geb. 1997)
Quelle: ShutterStock.com RF, New York (JStone)

Greta Thunberg (geb. 2003)
Quelle: laif, Köln (Lærke Posselt / VU)

Heinrich Kramer – Den Antagonisten charakterisieren

1 Beschreiben Sie das äußere Erscheinungsbild von Heinrich Kramer.
Ziehen Sie dazu u. a. die Seiten 15, 126 und 177 aus dem Roman heran.

2 Analysieren Sie anhand des folgenden Kapitels *Ambivalenz* die gespaltene Einstellung Mias zu Kramer.

Juli Zeh: Corpus Delicti – Ambivalenz (2009)

Mias Verhältnis zu Kramer ist ambivalent. Es ist nicht einmal so, dass sie ihn nicht mögen würde. Als er ihr die Tasse heißes Wasser servierte, sich dabei über sie beugte und seine gesamte Konzentration auf dieses
5 Ritual zu richten schien, so dass die Geste in beinahe absurder Vollendung gelang – da dachte sie sogar für einen kurzen Moment, dass sie ihn lieben könnte. Nicht für seine Höflichkeit, die letztlich immer nur dazu dient, eigene Gedanken zu verbergen, wenn auch auf ange-
10 nehme Weise. Auch nicht für sein gutes Aussehen, das, wie alle schönen Dinge, von der Gewohnheit verschlissen wird, so dass Mia ihn schon beim zweiten Treffen nicht mehr schön oder hässlich finden konnte, sondern nur noch unbestreitbar vorhanden. Was ihr hingegen
15 ins Mark fuhr, war seine Fähigkeit, eine Tasse auf eine Weise zu reichen, als nähme er eine heilige Handlung vor. In der Hingabe an einen so unscheinbaren Gegenstand zeigt sich eine Unbedingtheit im Umgang mit der Welt, die Mia, wenn sie ehrlich ist, bewundert. Kramer
20 tut alles *ganz*: gehen, stehen, reden, sich kleiden – ganz. Er denkt und spricht mit einer Rücksichtslosigkeit, die darauf verzichtet, der ewigen Unentschiedenheit des Menschen auf dialektische Art zur Legitimation zu verhelfen. Wer offen zugibt, dass Glauben und Wissen
25 für ein beschränktes Wesen wie den Menschen dasselbe sind; wer fordert, dass sich die Wahrheit deshalb der Nützlichkeit zu ergeben habe – der muss wohl ein Nihilist in Reinkultur sein.
Mia vollzieht seinen Spaziergang durch ihre Wohnung
30 nach und versucht, Haushaltsgegenstände, Bücher und Schriften mit den Augen eines Geschichtenjägers zu betrachten. Auch sie ist Nihilistin, nur dass die Abwesenheit einer objektiven Wahrheit bei ihr nicht zur Unbedingtheit, sondern zu quälender Haltlosigkeit
35 führt. Mia kann alles begründen, genau wie das jeweilige Gegenteil. Sie kann jeden Gedanken, jede Idee rechtfertigen oder angreifen; für oder gegen jede Seite streiten; sie könnte mit oder ohne Gegner Schach spielen, und niemals gingen ihr die Argumente oder
40 Strategien aus. Vor langer Zeit ist Mia zu der Erkenntnis gelangt, dass die Persönlichkeit eines Menschen vor allem aus Rhetorik bestehe, aber anders als Kramer hat sie es nicht für nötig befunden, weitere Schlüsse daraus zu ziehen. Im Grunde wähnt sie Kramer und sich selbst
45 aus ähnlichem Holz geschnitzt, nur dass er an einem Punkt, an dem Mia angehalten hat, einfach weitergegangen ist. Als gäbe es ein Ziel. Als gäbe es etwas zu wollen. Die brennende Frage, was Kramer will, was *man* überhaupt *wollen kann*, scheint auf mystische
50 Weise im gekonnten Servieren einer Wassertasse Antwort zu finden. Für Sekunden fühlte sich Mia mit großer Kraft von Kramer angezogen.
Außerhalb dieser Sekunden, und nun kommen wir zur Ambivalenz, empfindet Mia vor allem Widerwillen.
55 Denn alles soeben Gesagte und von Mia Gedachte ließe sich ebenso gut in andere Worte kleiden. Man könnte vom selben Ausgangspunkt andere Argumente aufeinanderstapeln, könnte wie beim Schach die Farbe wechseln. Dann wäre Kramer keine Ikone der Unbe-
60 dingtheit, sondern bloß ein mächtiges Streben mit einer leeren Mitte. Ein Schnüffler. Eine lächerliche Figur.

Quelle: Juli Zeh: Corpus Delicti. Ernst Klett Sprachen, Stuttgart 2015, S. 126 ff.

3 Kramer behauptet gegenüber Mia: „Meine präzise Logik gegen Ihre aufgewühlten Emotionen. Man könnte fast sagen: Das männliche gegen das weibliche Prinzip" (S. 203). Erörtern Sie: Stehen sich wirklich nur zwei Prinzipien, also Lebenseinstellungen gegenüber, wie Kramer behauptet?

4 Schreiben Sie abschließend einen Monolog aus der Sicht von Mia Holl über Kramer.

Die Juristen und das Rechtssystem einordnen können

1 Beschreiben Sie nach der Lektüre der folgenden Auszüge die Besonderheiten des Rechtssystems in der Welt von *Corpus Delicti. Ein Prozess*. Gehen Sie dabei auch auf Unterschiede zwischen den Figuren ein.

> Bell sitzt ihr in einiger Entfernung gegenüber und nimmt mit seinen Unterlagen einen Großteil der Tischplatte ein, während sich der Vertreter des privaten Interesses an die kurze Seite des gemeinsamen Pults zurückgezogen hat. Um die allgemeine Übereinstimmung zu unterstreichen, teilen sich das öffentliche und das private Interesse einen Tisch, was für beide Unterhändler ziemlich unbequem, aber nichtsdestoweniger eine schöne Rechtstradition ist. (S. 13)

> „Also einmaliges Überschreiten der Blutwerte im Bereich Koffein", sagt Sophie. „Schriftliche Verwarnung, und das war's. Einverstanden?" (S. 13)

> Bell hebt den Finger, an der Wand wechselt die Projektion. Es erscheint die Photographie eines Mannes in mittlerem Alter. Ganzkörper, nackt. Von vorn und hinten. Von außen und innen. Röntgenbilder, Ultraschall, Kernspintomographie des Gehirns. (S. 14)

> „Ich würde in diesem Fall gern auf eine Verwarnung verzichten und Hilfestellung anbieten. Einladung zum Klärungsgespräch." (Sophie, S. 19)

> Wenn Moritz sich bewegt, raschelt der weiße Papieranzug, der ihm seit sechs Monaten die Kleidung ersetzt. (S. 44)

> „Frau Vorsitzende", sagt Kramer aus dem Zuschauerraum. „Ich bitte dringend darum, diesen Vortrag auf der Stelle zu beenden." (S. 165 f.)

> Sie sind alle da. Vor Mias verschwommenem Blick hat der Saal kein Ende; die Menge der Zuschauer reicht bis zu allen Horizonten. Unter den schwarzen Puppen sucht sie vergeblich jene mit dem blonden Pferdeschwanz. Stattdessen entdeckt sie in der Mitte der Richterbank den bärtigen Alten, mit dem sie schon bei der letzten Begegnung nichts anfangen konnte. (S. 250)

> Mia findet es nicht unangenehm, in einen Käfig gesperrt zu sein. Auf diese Weise kann sie das Spektakel wie aus einer Theater-Loge verfolgen. (S. 250)

> „Römisch erstens. Die Angeklagte ist schuldig der methodenfeindlichen Umtriebe in Tateinheit mit der Vorbereitung eines terroristischen Krieges, sachlich zusammentreffend mit einer Gefährdung des Staatsfriedens, Umgang mit toxischen Substanzen und vorsätzlicher Verweigerung obligatorischer Untersuchungen zu Lasten des allgemeinen Wohls. Römisch zweitens. Sie wird deshalb zum Einfrieren auf unbestimmte Zeit verurteilt." (Hutschneider, S. 259)

Quelle: Juli Zeh: Corpus Delicti. Ernst Klett Sprachen, Stuttgart 2015, S. 13, 14, 19, 165 f., 250, 259

2 Mit Dr. Lutz Rosentreter gerät Mia an einen Verteidiger, dessen Absichten sie lange nicht versteht. Charakterisieren Sie Rosentreter und erläutern Sie seine Absichten und Motive.

> „Ich frage zum letzten Mal", sagt Mia scharf. „Wer sind Sie? Ein Irrer? Ein Anhänger der R.A.K., der sich mit Aktentasche und Robe bei Gericht herumtreibt? Oder einfach ein kleiner Sadist, dem es Spaß macht, auf den Trümmern einer zerschlagenen Existenz zu tanzen?"
> [...] „Ein Unglücklicher", sagt er.

Quelle: Juli Zeh: Corpus Delicti. Ernst Klett Sprachen, Stuttgart 2015, S. 110 f.

3 Legen Sie dar, wie und warum sich Rosentreters Einstellung gegenüber Mia verändert. Vergleichen Sie dazu die Unterredungen zwischen Mia und Rosentreter in den Kapiteln *Ein netter Junge* (S. 70 ff.), *Der größtmögliche Triumph* (S. 171 ff.) und *Keine Liebe der Welt* (S. 220 ff.).

Die Gestaltung der erzählten Welt analysieren

Juli Zeh: Vom Verschwinden des Erzählers im Autor (2004)

Wir kreisen um die eigene Person. Erzählen unsere Lebensgeschichten schon in jungen Jahren einem Psychiater oder einer Textdatei mit Namen „roman.doc". Wir haben noch nicht viel von der Welt
5 gesehen und trotzdem beschlossen, Schriftsteller zu werden. Weil das eine intellektuellere Version von Popstar ist, weil man als Schriftsteller nicht gut aussehen oder zehn Jahre lang Gitarrenunterricht nehmen muss und morgens trotzdem liegen bleiben kann. Wir
10 leben zwischen eigenem Bauchnabel und Tellerrand und schreiben darüber. Unsere Texte sind ICH-bezogen wie wir selbst. Auf den ersten Blick scheint an dieser Erklärung etwas Wahres dran zu sein. Sie passt zu dem oft geäußerten, verworfenen und wieder aufgewärmten
15 Vorwurf, die Literatur, insbesondere die deutsche und erst recht die junge Literatur, habe nichts zu erzählen. Sie sei Pop und U statt E, und ihre Autoren beherrschen vielleicht den medienwirksamen Auftritt, nicht aber das literarische Handwerk. Schon möglich. Aber nichts
20 erzählen könnten wir eigentlich auch in der dritten Person. Wer dem ICH zu entkommen versucht, landet, wie die Statistik zeigt, im Regelfall bei der personalen Erzählhaltung: ICH wird umgetauft in Sylvie, Ulli, Nette, manchmal auch nur in „Er" oder „Sie". ER, der
25 über die Straße geht, lacht, guckt, fühlt und denkt, trägt beim Erleben und Wahrnehmen die Kamera als Erzählperspektive mit sich herum. Der Leser erfährt nichts, was ER nicht weiß, sieht nichts, was ER nicht sieht, und kann nur im Schlepptau der Hauptfigur das literari-
30 sche Geschehen durchleben. Der Blick auf die vom Text geschaffene Welt bleibt eingeschränkt durch das Schlüsselloch einer subjektiven Wahrnehmung. Und das in einer Zeit, da Bewusstseinsströme, innere Monologe, autoanalytische Suada und überhaupt Spaziergän-
35 ge durch den am besten kranken Kopf einer einzelnen Figur keinen Hund mehr hinter dem Ofen hervorlocken dürften. Ja: Die Welt ist nichts als unser Blick auf sie. Klar: Eine objektiv zugängliche Wirklichkeit gibt es nicht. Spätestens seit der „Matrix" haben wir die Er-
40 kenntnis aus Platons Höhlengleichnis tatsächlich verinnerlicht und ausreichend trivialisiert. Aber warum sollte diese Erkenntnis dazu zwingen, literarisch nur noch aus der Subjektiven zu erzählen?

Quelle: Juli Zeh: Sag nicht Er zu mir oder: Vom Verschwinden des Erzählers im Autor. (http://www.juli-zeh.de/essay-er.php © 2007 Juli Zeh) Unter: https://www.cicero.de/kultur/sag-nicht-er-zu-mir/45951 (Zugriff 26.03.2021, gek.)

1 Beschreiben Sie, welche Meinung zum Erzählen Juli Zeh in ihrem Essay entwickelt.

2 Vergleichen Sie die im Essay getroffenen Aussagen mit dem Erzählverhalten in *Corpus Delicti. Ein Prozess*. Begründen Sie, warum Juli Zeh sich für diese Erzählweise entschieden hat.

3 Lesen Sie die folgenden Auszüge aus dem Roman *Corpus Delicti. Ein Prozess*. Erläutern Sie das Erzählverhalten und beschreiben Sie die Wirkung auf die Leser.

> Von allen Seiten durchziehen Magnetbahn-Trassen in schnurgeraden Schneisen den Wald. Dort, wo sie sich treffen, irgendwo inmitten des reflektierenden Dächermeers, also mitten in der Stadt, mitten am Tag und in der Mitte des einundzwanzigsten Jahrhunderts – dort beginnt unsere Geschichte. (S. 12)

> Wählen wir für ein paar Minuten die Vergangenheitsform. Anders als Mia, bereitet es uns keine Schmerzen, im Präteritum an ihren Bruder zu denken. (S. 60)

> Wenn wir durch das Gewebe der Zeit hindurchschauen, als wäre es ein halbtransparentes Gewand auf dem Körper des Ewigen, sehen wir Mia und Moritz, vor nicht mehr als vier Wochen, in einem kahlen Raum des Untersuchungsgefängnisses. Sie betrachten einander prüfend, als sähen sie sich zum ersten Mal. (S. 44)

> Mia tritt in die Pedale und denkt an – was? Gehen wir der Einfachheit halber davon aus, dass sie an Moritz denkt. Die Wahrscheinlichkeit, dass wir richtig liegen, ist sehr hoch. (S. 79)

Quelle: Juli Zeh: Corpus Delicti. Ernst Klett Sprachen, Stuttgart 2015, S. 12, 44, 60. 79

Figuren über ihre Sprache charakterisieren

1 Ein sehr großer Teil des Romans besteht aus direkter Rede. Begründen Sie, warum die Autorin sich für diese Form der Figurenrede entschieden hat.

2 Anhand der Figurenrede lassen sich die Personen im Roman indirekt über ihre Sprechweise charakterisieren. Interpretieren Sie in den folgenden Dialogen die Figuren Mia, Kramer und die ideale Geliebte anhand ihrer Rede und achten Sie dabei neben der Argumentation vor allem auf die sprachliche Gestaltung (Syntax, Wortschatz, Stil, Rhetorik).

Juli Zeh: Corpus Delicti – Mia Holl, die ideale Geliebte und Heinrich Kramer (2009)

„Der DNA-Test ist unfehlbar. Unfehlbarkeit ist ein Grundpfeiler der METHODE. Wie sollten wir den Menschen im Land die Existenz einer Regel erklären, wenn diese Regel nicht vernünftig und in allen Fällen gültig,
5 mit anderen Worten, unfehlbar wäre? Unfehlbarkeit verlangt Konsequenz, auf die uns der gesunde Menschenverstand verpflichtet."

„Mia", sagt die ideale Geliebte, „der Mann spricht in Formeln. Der Mann ist eine Maschine!"

10 „Kann sein."

„Gesunder Menschenverstand", ruft die ideale Geliebte, „ist, wenn einer recht haben will und nicht begründen kann, warum!"

[...] „Was", fragt Mia, sich ihm zuwendend, „bedeutet
15 Unfehlbarkeit im Angesicht des Menschlichen?"

„Ich weiß, worauf Sie hinauswollen."

„Wie", fragt Mia, „sollen denn Regeln, Maßnahmen, Verfahren unfehlbar sein, wenn das alles doch immer nur von Menschen ersonnen wurde? Von Menschen,
20 die alle paar Jahrzehnte ihre Überzeugungen, ihre wissenschaftlichen Ansichten, ihre gesamte *Wahrheit* austauschen? Haben Sie sich nie gefragt, ob mein Bruder nicht *trotz allem* unschuldig sein könnte?"

„Nein", sagt Kramer.

25 „Warum nicht?", fragt die ideale Geliebte.

„Warum nicht?", fragt Mia.

„Wohin sollte diese Frage führen?" Kramer stellt seine Tasse ab und beugt sich vor. „Zu Einzelfallentscheidungen? Zu einer Willkürherrschaft des Herzens, wie
30 sie ein König ausüben würde, der nach Belieben gnädig und streng sein kann? Wessen Herz sollte entscheiden? Meines? Ihres? Welches Recht stünde dahinter? Die Macht einer übernatürlichen Gerechtigkeit? Glauben Sie an Gott, Frau Holl?"

35 [...] „Ich blicke auf eine Kreuzung zwischen zwei Wegen", sagt Mia. „Der eine Weg heißt Unglück, der andere Verderben. Entweder ich verfluche ein System, zu dessen METHODE es keine vernünftige Alternative gibt. Oder ich verrate die Liebe zu meinem Bruder, an des-
40 sen Unschuld ich ebenso fest glaube wie an meine Existenz. Verstehen Sie?" Mit einer heftigen Bewegung dreht sie sich um. „Ich *weiß*, dass er es nicht getan hat. Was soll ich jetzt machen? Wie mich entscheiden? Für den Sturz oder den Fall? Die Hölle oder das Fegefeu-
45 er?"

„Weder – noch", sagt Kramer. „Es gibt Situationen, in denen nicht die eine oder die andere Möglichkeit, sondern die Entscheidung selbst der Fehler wäre."

„Soll das heißen ... Sie, ausgerechnet Sie bekennen sich
50 zu Lücken im System?"

„Selbstverständlich." Jetzt ist sein Lächeln entwaffnend. Vom Sessel aus sieht er zu ihr auf. „Das System ist menschlich, das haben Sie eben selbst festgestellt. Natürlich weist es Lücken auf. Das Menschliche ist ein
55 nachtschwarzer Raum, in dem wir herumkriechen, blind und taub wie Neugeborene. Man kann nicht mehr tun, als dafür zu sorgen, dass wir uns beim Kriechen möglichst selten die Köpfe stoßen. Das ist alles."

Quelle: Juli Zeh: Corpus Delicti. Ernst Klett Sprachen, Stuttgart 2015, S. 37–40

Juli Zeh: Corpus Delicti – Mia Holl und die ideale Geliebte (2009)

„Die Wahrheit lautet: Das ist kein Spiel."

„Was meinst du?"

„Du glaubst doch nicht im Ernst, dass dieser Rosentreter und ein bisschen Sport den Riss kitten, der quer
5 durch dein Innerstes verläuft? Dieser Riss liegt tiefer, Mia. [...] Was bist du wirklich?"

„Zu klug für den Narzissmus des Widerstands."

„Weil das Menschliche ein dunkler Raum ist, in dem ihr Sterblichen herumkriecht wie Kinder, auf die man
10 aufpassen muss, damit sie nicht ständig mit den Köpfen aneinanderschlagen?"

„In etwa. Woher hast du das? Kommt mir bekannt vor."

„Von deinem neuen Freund. Heinrich Kramer."

„Vielleicht haben wir uns in ihm getäuscht", sagt Mia.
15 „Er ist eine Medienfigur. Vielleicht verbirgt sich dahinter eine ganz andere Person."

„Kommst du mir jetzt mit Schein und Sein? Willst du mir erzählen, dass hinter dem *scheinbaren* Kramer, der

echter Kramer steckt, der völlig anders dachte? Oder der das alles nicht so *gemeint* hat?"
„Was hast du denn?" Mia unterbricht ihre hektische Pedalarbeit. „Ich will nicht streiten."
„Was mit Moritz geschehen ist, kann nur richtig sein *oder* falsch", sagt die ideale Geliebte scharf. „Es gibt kein Dazwischen. Du wirst dich entscheiden müssen, Mia-Kind."

Quelle: Juli Zeh: Corpus Delicti. Ernst Klett Sprachen, Stuttgart 2015, S. 81 f.

Juli Zeh: Corpus Delicti – Mia Holl, Heinrich Kramer und die ideale Geliebte (2009)

„Dort stehen wir alle und versuchen, die Wahrheit zu finden. Vielleicht sollten Sie dazu beitragen, Frau Holl. Vielleicht wollen Sie mir sagen, wie Moritz *wirklich* war."
„Er liebte die Natur", sagt Mia.
„Wenn du diesem Monster etwas von Moritz erzählst!", ruft die ideale Geliebte.
Mia wendet sich nach ihr um.
„Was wäre denn sonst meine Aufgabe in der Welt, wenn nicht, von ihm zu erzählen?"
„Aber nicht dem da", sagt die ideale Geliebte. „Der will beweisen, dass Moritz ein Staatsfeind war."
„Dann beweisen wir das Gegenteil", sagt Mia. „Der Mensch ist doch nur eine hübsche Verpackung für die Erinnerung. In unserem Fall für die Erinnerung an *ihn*."
[…] „Moritz liebte die Natur. Schon als Kind konnte er Stunden damit verbringen, ein Blatt oder einen Käfer zu betrachten. […] Er fühlte sich unverstanden, von unseren Eltern, von seinen Freunden, von mir. Als Kind hat er mehr mit Tieren und Pflanzen geredet als mit uns."

Quelle: Juli Zeh: Corpus Delicti. Ernst Klett Sprachen, Stuttgart 2015, S. 122 ff.

Juli Zeh: Corpus Delicti – Heinrich Kramer (2009)

„Neuesten Erkenntnissen zufolge hat Moritz Holl in seiner Kindheit eine schwere Krankheit durchgemacht. ‚Er fühlte sich immer unverstanden', sagt Mia Holl, seine Schwester. ‚Von unseren Eltern, von seinen Freunden, von mir. Als Kind hat er mehr mit Tieren und Pflanzen geredet als mit uns.' Diese und andere Indizien sprechen dafür, dass Moritz Holl als ein Gefährder einzustufen ist, […]"

Quelle: Juli Zeh: Corpus Delicti. Stuttgart: Ernst Klett Sprachen 2015, S. 140

Juli Zeh: Corpus Delicti – Mia Holl und Heinrich Kramer (2009)

„Ich schwöre bei der METHODE, dass ich nur die Wahrheit äußere und so weiter", sagt Kramer, kaum dass er sitzt. „Dieses Land hat Jahrzehnte gebraucht, um ein System aufzubauen, das jedem von uns ein langes und glückliches Leben garantiert. Die Feinde des Glücks sind vielzählig und schwer zu fassen. Aber der Kampf geht weiter! Wir werden unsere Werte zu verteidigen wissen."
Automatisch beginnt das Publikum zu applaudieren; Kramer nickt beschwichtigend und legt einen Finger an die Lippen. Bell versucht, sich mit lauter Stimme wieder in den Mittelpunkt des Geschehens zu rücken.
„Herr Kramer, die Staatsanwaltschaft fordert Sie auf, uns Ihre Einschätzung des Sachverhalts …"
„Niemand kennt die Angeklagte so gut wie ich", unterbricht Kramer.
„Das stimmt", sagt Mia zärtlich.
„Frau Holl ist intelligent, aufgeklärt und selbstbewusst. Eine starke Persönlichkeit."
„Danke, Heinrich", sagt Mia.
„Eine Überzeugungstäterin. Früher treue Anhängerin der METHODE, heute eine hochgefährliche Fanatikerin. Sie ist bereit, für Ihre Ideen in den Tod zu gehen. Indem wir die Höchststrafe über sie verhängen, entsprechen wir ihrem eigenen Willen. Wir respektieren sie als freien Menschen. Die Strafe ehrt den Verbrecher!"
Wieder beginnt das Publikum zu klatschen, Mia applaudiert am lautesten."
[…] Sie umfasst die Gitterstäbe und rüttelt so kräftig daran, dass der ganze Käfig zu dröhnen beginnt.
„Stopp! Ich bin dran!" Ringsum verlangsamen sich die Bewegungen, Köpfe werden nach vorn gewendet. Plötzlich ist es still.
„Brennt das Land nieder", sagt Mia. „Reißt das Gebäude ein. Holt die Guillotine aus dem Keller, tötet Hunderttausende! Plündert, vergewaltigt! Hungert und friert! Und wenn ihr dazu nicht bereit seid, gebt Ruhe. Ihr könnt euch feige nennen oder vernünftig. Haltet euch für Privatmänner, für Mitläufer oder Anhänger des Systems. Für unpolitisch oder individuell. Für Verräter an der Menschheit oder treue Beschützer des Menschlichen. Es macht keinen Unterschied. Tötet oder schweigt. Alles andere ist Theater."
„Komische Fanatikerin", sagt ein Beisitzer in das anschließende Schweigen.
„Ist das alles?", fragt Mia. „Wo ist *mein* Applaus?"

Quelle: Juli Zeh: Corpus Delicti. Stuttgart: Ernst Klett Sprachen 2015, S. 254–258

Darf der Staat seine Bürger zur Gesundheit zwingen? – Einen eigenen Standpunkt finden

1 Formulieren Sie in einer Redekette erste spontane Antworten auf die Frage: Wie weit darf der Staat seine Bürger zum gesundheitlichen Glück zwingen? Berücksichtigen Sie dabei den folgenden Text.

Harro Albrecht: Ein bisschen Diktatur darf sein (2009)

Die Schriftstellerin Juli Zeh kann von Glück sagen, dass sie heute lebt. Vor 200 Jahren wäre die 34-Jährige vermutlich bereits zahnlos und durch wiederholte Cholera-Attacken so sehr geschwächt gewesen, dass sie den Griffel für ihren neuesten Roman […] kaum hätte führen können, in dem sie die Vision einer gruseligen Gesundheitsdiktatur entwickelt. […] Juli Zehs Zähne waren in ihrer Kindheit wahrscheinlich durch die ärztlich empfohlenen Fluortabletten vor Lochfraß durch Karies geschützt, die bis 1983 noch gesetzlich vorgeschriebene Impfung hat sie vor den Pocken bewahrt und strenge Hygienevorschriften haben ihr den Durchfall erspart.

Quelle: Harro Albrecht: Ein bisschen Diktatur darf sein. In: DIE ZEIT Nr. 13 v. 19.03.2009

2 Um die lebensbedrohliche Ansteckung mit Pockenviren (auch: „Blattern") einzudämmen, wurde 1874 das Reichsimpfgesetz verabschiedet. Informieren Sie sich im Internet über die Hintergründe, indem Sie den „WDR-Stichtag" vom 8.4.2019 zum Reichsimpfgesetz recherchieren. Überprüfen Sie anhand dieses Gesetzes, welche Probleme staatliche Zwangsmaßnahmen aufwerfen.

Das Reichsimpfgesetz (1874)

Wir Wilhelm, von Gottes Gnaden Deutscher Kaiser, König von Preußen etc. verordnen im Namen des Deutschen Reichs, nach erfolgter Zustimmung des Bundesrats und des Reichstags, was folgt:

§ 1.

Der Impfung mit Schutzpocken soll unterzogen werden:
1) jedes Kind vor dem Ablaufe des auf sein Geburtsjahr folgenden Kalenderjahres, sofern es nicht nach ärztlichem Zeugnis (§. 10) die natürlichen Blattern überstanden hat;
2) jeder Zögling einer öffentlichen Lehranstalt oder einer Privatschule, mit Ausnahme der Sonntags- und Abendschulen, innerhalb des Jahres, in welchem der Zögling das zwölfte Lebensjahr zurücklegt, sofern er nicht nach ärztlichem Zeugnis in den letzten fünf Jahren die natürlichen Blattern überstanden hat oder mit Erfolg geimpft worden ist.

§ 13.

Die Vorsteher derjenigen Schulanstalten, deren Zöglinge dem Impfzwange unterliegen (§. 1, Ziffer 2), haben bei der Aufnahme von Schülern durch Einfordern der vorgeschriebenen Bescheinigungen festzustellen, ob die gesetzliche Impfung erfolgt ist. Sie haben dafür zu sorgen, dass Zöglinge, welche während des Besuches der Anstalt nach §. 1, Ziffer 2 impfpflichtig werden, dieser Verpflichtung genügen. Ist eine Impfung ohne gesetzlichen Grund unterblieben, so haben sie auf deren Nachholung zu dringen. Sie sind verpflichtet, vier Wochen vor Schluss des Schuljahres der zuständigen Behörde ein Verzeichnis derjenigen Schüler vorzulegen, für welche der Nachweis der Impfung nicht erbracht ist.

§ 14.

[…] Eltern, Pflegeeltern und Vormünder, deren Kinder und Pflegebefohlene ohne gesetzlichen Grund und trotz erfolgter amtlicher Aufforderung der Impfung […] entzogen geblieben sind, werden mit Geldstrafe bis zu fünfzig Mark oder mit Haft bis zu drei Tagen bestraft.

Quelle: Deutsches Reichsgesetzblatt vom 8. April 1874, Nr. 11, S. 31–34

3 Recherchieren Sie: Welche weiteren staatlichen Eingriffe in die Privatsphäre zum Wohl der Bürger sind Ihnen bekannt? Stellen Sie Eingriffe des Staates in Vergangenheit und Gegenwart zusammen und fragen Sie nach ihrer jeweiligen Verhältnismäßigkeit.

Die Aktualität des Romans diskutieren

Der Roman von Juli Zeh mit seiner fiktiven Beschreibung einer Gesundheitsdiktatur erfuhr durch die reale Covid-19-Pandemie wieder verstärkt Aufmerksamkeit. Mia Holls Bekenntnis „Ich entziehe einer Normalität das Vertrauen, die sich selbst als Gesundheit definiert" (S. 186) stellt auch für die eigene Gegenwart die Frage: Was geschieht, wenn Gesundheit zum höchsten Wert einer Gesellschaft wird?

1 In *Corpus Delicti* richten sich alle Normen und Gesetze am Wert der Gesundheit aus.
Begründen Sie, welche der folgenden Werte Ihnen persönlich wichtiger sind als der Wert der Gesundheit.
Welche Einschränkungen würden Sie dafür auf sich nehmen?
Welche Regeln und Vorschriften fallen Ihnen ein, die sich daraus ergeben könnten?

ANERKENNUNG	EMANZIPATION	FREIHEIT	FREUNDSCHAFT
FRIEDEN	GERECHTIGKEIT	HARMONIE	LEISTUNG
LIEBE	RESPEKT	SICHERHEIT	TOLERANZ	TRADITION
UNABHÄNGIGKEIT	WOHLSTAND	VERANTWORTUNGSBEWUSSTSEIN	

2 Gegen die Generalisierung des Gesundheitsschutzes haben sich mehrere Politiker und Schriftsteller in Deutschland zu Wort gemeldet, um vor Missbrauch und zu weit gehenden staatlichen Eingriffen in durch das Grundgesetz geschützte Rechte zu warnen.
– Fassen Sie zusammen, welche Wertekonflikte der Politiker Wolfgang Schäuble und die Schriftstellerin Juli Zeh in den folgenden Interview-Ausschnitten ansprechen.
– Nehmen Sie Stellung zu den Aussagen von Schäuble und Zeh.

Wolfgang Schäuble: Dem Schutz des Lebens nicht alles unterordnen (2020)

Lässt eine Naturkatastrophe wie dieses Virus denn überhaupt so eine klassische politische Abwägung zu, oder tappen nicht in Wahrheit alle im Dunkeln?
Wir alle wissen nicht, was unser Handeln für Auswirkungen hat, aber die Politik muss trotzdem handeln. Auch die Wissenschaftler sagen: Die Politik muss entscheiden, wir können nur fachlichen Rat
5 geben. Und es gibt eben nie eine absolut richtige Entscheidung. Es gibt nur die vernünftige Erörterung aller Gesichtspunkte, eingeschlossen die wissenschaftlichen Erkenntnisse, und dann muss entschieden werden.

Woher kommen die Kriterien dafür?
Man tastet sich da ran. Lieber vorsichtig – denn der Weg zurück würde fürchterlich. Aber wenn ich
10 höre, alles andere habe vor dem Schutz von Leben zurückzutreten, dann muss ich sagen: Das ist in dieser Absolutheit nicht richtig. Grundrechte beschränken sich gegenseitig. Wenn es überhaupt einen absoluten Wert in unserem Grundgesetz gibt, dann ist das die Würde des Menschen. Die ist unantastbar. Aber sie schließt nicht aus, dass wir sterben müssen.

Man muss in Kauf nehmen, dass Menschen an Corona sterben?
15 Der Staat muss für alle die bestmögliche gesundheitliche Versorgung gewährleisten. Aber Menschen werden weiter auch an Corona sterben. Sehen Sie: Mit allen Vorbelastungen und bei meinem Alter bin ich Hochrisikogruppe. Meine Angst ist aber begrenzt. Wir sterben alle. Und ich finde, Jüngere haben eigentlich ein viel größeres Risiko als ich. Mein natürliches Lebensende ist nämlich ein bisschen näher.

Einmütig hat bisher auch der Bundestag Riesensummen zur Stützung der Wirtschaft gebilligt.
20 **Wie lange geht das überhaupt?**
[…] Der Staat kann aber nicht auf Dauer den Umsatz ersetzen. Wir werden mit den klassischen Mitteln umso weniger anfangen können, je länger die Krise dauert. Wir werden strukturelle Veränderungen von Wirtschaft, Gesellschaft und Politik erleben. Ich hoffe, dass wir das als Chance nutzen, um manche Übertreibungen besser zu bekämpfen.

25 **Woran denken Sie?**
Noch immer ist nicht nur die Pandemie das größte Problem, sondern der Klimawandel, der Verlust an Artenvielfalt, all die Schäden, die wir Menschen und vor allem wir Europäer durch Übermaß der Natur antun. Hoffentlich werden uns nicht wieder nur Abwrackprämien einfallen, die es der Industrie ermöglichen, weiter zu machen wie bisher.

30 **Würden Sie eine Prognose wagen, was nach der Pandemie anders sein wird?**
Ein Großteil der Menschen wird wieder etwas mehr Vorratshaltung betreiben. Die Wirtschaft wird etwas Abstand nehmen von zu eng getakteten Lieferketten. Aber das sind kleinteilige Fragen. Das Größere ist: Wie kommen wir jetzt zu einem nachhaltigeren und, um mit Ludwig Erhard zu sprechen, maßvolleren Leben in Wirtschaft und Gesellschaft? Wie können wir die Unterschiede in der Welt so
35 abbauen, dass sie erträglich sind?

Quelle: Bundestagspräsident zur Corona-Krise. Schäuble will dem Schutz des Lebens nicht alles unterordnen. Interview von Robert Birnbaum und Georg Ismar mit Wolfgang Schäuble. (26.04.2020) Unter: https://www.tagesspiegel.de/politik/bundestagspraesident-zur-corona-krise-schaeuble-will-dem-schutz-des-lebens-nicht-alles-unterordnen/25770466.html%20 (Zugriff 29.03.2021, gek.)

Juli Zeh: „Unsere Demokratie befindet sich bis auf Weiteres in der Hand der Kurve". Wenn Menschenleben gegen Menschenrechte ausgespielt werden (2020)

Die Terminologie mancher Politiker klingt, als würden wir uns in einem „Krieg" befinden. Damit wird dann eine Einschränkung bürgerlicher Freiheiten gerechtfertigt, die vor einem Monat noch vollkommen undenkbar
5 erschien. […] Wir werden als Bürger durch die Rhetorik und das Vorgehen in eine wirklich schwierige Lage gebracht. Die allermeisten von uns verstehen, dass es notwendig ist, etwas gegen das Virus zu unternehmen. Man will vernünftig sein, man will auch Solidarität
10 zeigen gegenüber Risikogruppen, man will nicht das gemeinschaftliche Vorgehen torpedieren. Aber vieles von dem, was passiert, erscheint einem unlogisch, überstürzt, undemokratisch. Dagegen würde man gern aufbegehren. Aber dann wird einem gesagt, dass man
15 sich schuldig macht an möglichen Opfern, wenn man nicht mitspielt. Das ist ein unnötiges Dilemma, das die Menschen quält: ein künstlich entfachter Antagonismus[1] zwischen Menschenrechten und Menschenleben. Wenn man nicht mit Bestrafungsszenarien gearbeitet
20 hätte, sondern lieber darauf gesetzt hätte, durch eine verständliche und nachvollziehbare Strategie Einsicht zu erreichen, hätte man ein viel höheres und wirklich empfundenes Einverständnis der Bürger ermöglicht.

[1] *Antagonismus, der: Widerstreit, Gegensatz, Konflikt*

Quelle: Jan Heidtmann: „Unsere Demokratie befindet sich bis auf Weiteres in der Hand der Kurve". Wenn Menschenleben gegen Menschenrechte ausgespielt werden – ein Interview mit Juli Zeh. (04/2020) Unter: https://www.penguinrandomhouse.de/content/download/speziell/SZ%20Interview%20April%202020.pdf (Zugriff 29.03.2021, gek.)

3 Die Beschreibung einer Gesundheitsdiktatur ließ einige Leserinnen und Leser befürchten, dass gerade die zugespitzten Schlüsse, die der Roman zieht, Menschen bestätigen könnten, die die Existenz von Corona leugnen. Diskutieren Sie diese Möglichkeit: Inwieweit haben Sie die Inhalte des Romans auf die Corona-Krise bezogen? Was halten Sie von Befürchtungen, dass unsere Welt bald die aus Juli Zehs Roman werden könnte? Und wann wird der Begriff der „Gesundheitsdiktatur" von der Polemik zur Zustandsbeschreibung? Machen Sie sich zunächst Notizen zu den genannten Punkten und führen Sie in Ihrem Kurs eine Debatte zu diesen Fragen.

BIG DATA – Die Preisgabe persönlicher Daten kritisch bewerten

1 Betrachten und analysieren Sie die folgende Statistik. – Wo würden Sie sich selbst einordnen? Geben Sie eine begründete Antwort.

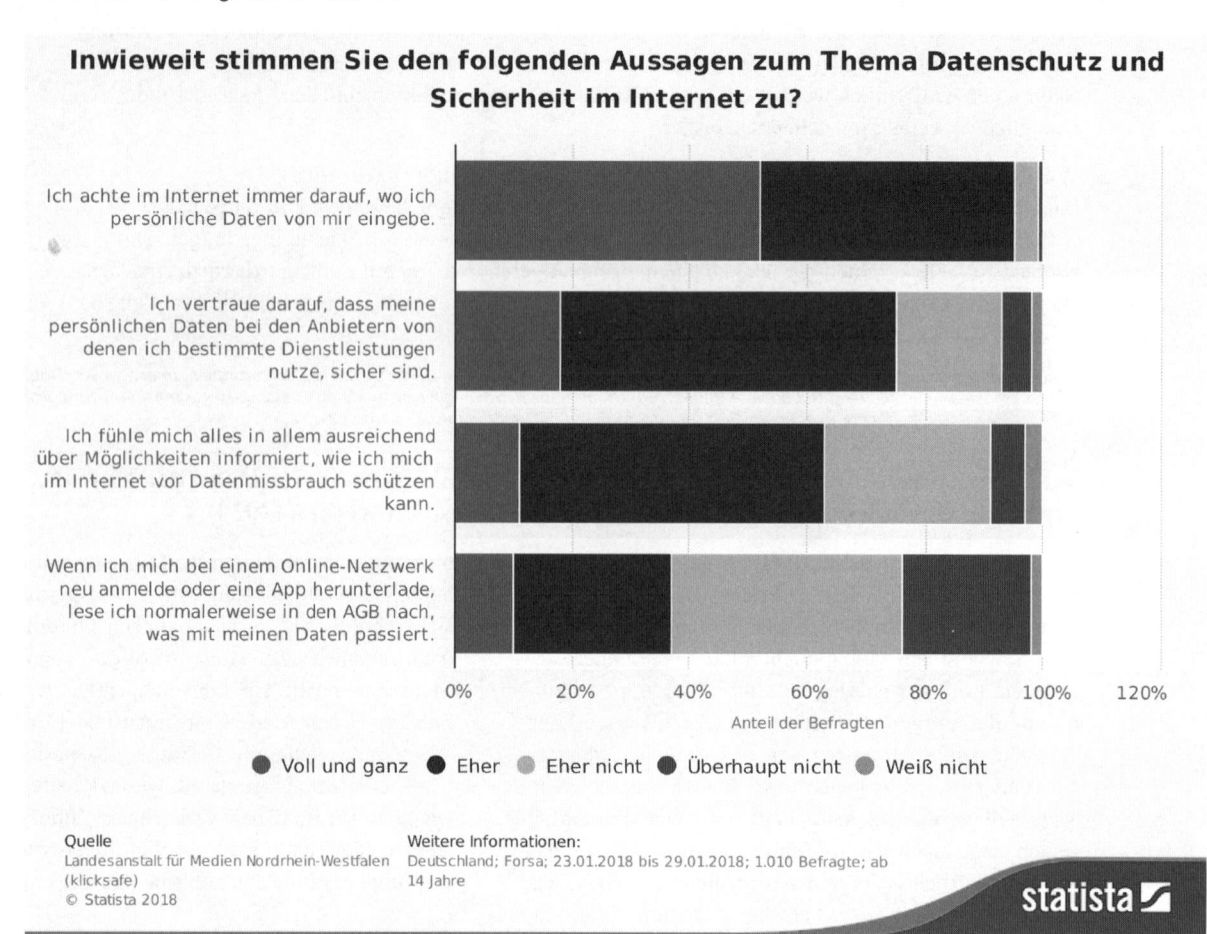

Inwieweit stimmen Sie den folgenden Aussagen zum Thema Datenschutz und Sicherheit im Internet zu?

- Ich achte im Internet immer darauf, wo ich persönliche Daten von mir eingebe.
- Ich vertraue darauf, dass meine persönlichen Daten bei den Anbietern von denen ich bestimmte Dienstleistungen nutze, sicher sind.
- Ich fühle mich alles in allem ausreichend über Möglichkeiten informiert, wie ich mich im Internet vor Datenmissbrauch schützen kann.
- Wenn ich mich bei einem Online-Netzwerk neu anmelde oder eine App herunterlade, lese ich normalerweise in den AGB nach, was mit meinen Daten passiert.

Legende: ● Voll und ganz ● Eher ● Eher nicht ● Überhaupt nicht ● Weiß nicht

Quelle: Landesanstalt für Medien Nordrhein-Westfalen (klicksafe)
© Statista 2018
Weitere Informationen: Deutschland; Forsa; 23.01.2018 bis 29.01.2018; 1.010 Befragte; ab 14 Jahre

Quelle: Landesanstalt für Medien Nordrhein-Westfalen (klicksafe) © Statista 2018

> Ich entziehe einem Volk das Vertrauen, das glaubt, totale Durchleuchtung schade nur dem, der etwas zu verbergen hat.

Quelle: Juli Zeh: Corpus Delicti. Ernst Klett Sprachen, Stuttgart 2015, S. 186

2 Positionieren Sie sich zu Mia Holls Aussage.

Info

Der privatwirtschaftliche Umgang mit Daten
Anders als in staatlichen Institutionen werden in der Privatwirtschaft auch ohne gültiges Gesetz Daten über wesentlich längere Zeiträume gespeichert als es z. B. nach der gesetzlichen Vorratsdatenspeicherung vorgesehen ist. Manche Provider speichern die Daten ihrer Mobilfunkkunden bis zu sechs Monaten. Dennoch gibt es eine große Bereitschaft vieler Kunden, sich bei der Nutzung von Mobilfunkanbietern oder im Internet freiwillig zum gläsernen Konsumenten zu machen.

Juli Zeh: Fragen zu *Corpus Delicti* (2020)

Im Zuge meines Engagements für den Erhalt bürgerlicher Freiheiten stoße ich immer wieder auf die gleiche Haltung: „Warum soll ich gegen Überwachung sein, wenn ich nichts zu verbergen habe? Es ist doch gut,
5 wenn sich der Staat um die Sicherheit und Gesundheit seiner Bürger kümmert! Alle diese neuen Maßnahmen dienen doch guten Zwecken. Dem Kampf gegen den Terrorismus oder der Seuchenbekämpfung oder der Optimierung unserer Lebensverhältnisse, zum Beispiel
10 durch Personalisierung von Konsum, Nachrichten, medizinischen Angeboten. Ich sehe da vor allem die Vorteile." Traurigerweise scheint uns demgegenüber der Sinn für den Wert von Privatsphäre und persönlicher Freiheit verloren zu gehen. […]
15 *Corpus Delicti* möchte die Leser auffordern, sich zu fragen, was ihnen wirklich wichtig ist, was sie zu Menschen macht, was ihre Identität bestimmt und wie das „gute Leben" für sie aussehen könnte. Weiterhin möchte der Roman zeigen, dass Risikofreiheit niemals
20 ein politisches Versprechen sein kann und dass man „Sicherheit" nicht als vorrangiges politisches Ziel installieren darf, auch wenn das dem aktuellen Bedürfnis der Bürger zu entsprechen scheint.
Aber ich möchte nicht das Entstehen einer Diktatur
25 vorhersagen. Ich kann es nicht ertragen, wenn medial ständig vom Ende der Demokratie gesprochen wird. Ich bin keine Apokalyptikerin, sondern möchte immer wieder darauf verweisen, wie glücklich wir uns schätzen können, in einer freiheitlichen Gesellschaft zu
30 leben. Wie wichtig es deshalb ist, diese Privilegien zu erkennen und zu verteidigen, statt sie aufgrund irgendwelcher politischer Launen leichtfertig über Bord zu werfen.

Quelle: Juli Zeh: Fragen zu Corpus Delicti. btb, München 2020, S. 46 f., 103 f.

Info

Der politische Umgang mit Daten

In einem Urteil zur Volkszählung entwickelte das Bundesverfassungsgericht 1983 aus dem allgemeinen Persönlichkeitsrecht und der Menschenwürde das Recht auf informationelle Selbstbestimmung. Darunter wird das Recht des Einzelnen verstanden, grundsätzlich selbst über die Preisgabe und Verwendung seiner personenbezogenen Daten zu bestimmen. Das Urteil gilt als Meilenstein des Datenschutzes.
Dem Persönlichkeitsrecht des Einzelnen steht auf der anderen Seite die Fürsorgepflicht des Staates gegenüber, der seinen Bürgern öffentliche Sicherheit zu garantieren hat. Im Zuge dieser staatlichen Pflicht werden zunehmend Daten erhoben, sei es über öffentliche Videoüberwachung, über Körperscanner an Flughäfen oder über die Vorratsdatenspeicherung.

---

3 Fassen Sie zunächst zusammen, welchen Standpunkt Juli Zeh in der Sicherheitsdebatte einnimmt.

4 Legen Sie anschließend, ausgehend von Juli Zehs Argumenten, Ihre eigene Position in dem Spannungsverhältnis zwischen dem Bedürfnis nach Sicherheit und dem nach Freiheit dar. Beziehen Sie dabei die Informationen aus den Info-Kästen auf dieser und auf der vorherigen Seite mit ein.

Juli Zeh: Fragen zu *Corpus Delicti* (2020)

Bei der Kommunikation in sozialen Netzwerken betreiben die Menschen zum Teil ein erschreckendes Ausmaß an Selbstentblößung. Es stört sie nicht mehr, beobachtet zu werden; im Gegenteil haben sie das Gefühl, sich ständig zeigen zu müssen. Insofern gehe ich davon aus, dass die Bürger in *Corpus Delicti* in schönstem Einverständnis mit ihrer Staatsform leben. Von wenigen Ausnahmen abgesehen, zu denen
5 zum Beispiel Mias Bruder Moritz gehört.

Quelle: Juli Zeh: Fragen zu Corpus Delicti. btb, München 2020, S. 46 f.

5 Diskutieren Sie, warum viele Bürgerinnen und Bürger sorglos mit ihren privaten Daten umgehen. Berücksichtigen Sie auch die Konsequenzen, die Juli Zeh aus diesem Verhalten ableitet.

Stellung zu politischem Engagement und politischer Literatur nehmen

Thomas Ernst: Politisches Schreiben in der Gegenwart (2015)

Wenn man vom Gründungsakt des klassischen Intellektuellen, Émile Zolas *J'accuse* von 1898, oder dem Konzept einer littérature engagée, wie Jean Paul Sartre (1981) sie bestimmt hat, ausgeht, so hievt sich hier
5 jeweils ein Autor, der sich durch seine Erfolge im literarischen Betrieb als solcher legitimiert hat, gleichsam auf eine Kanzel. Aus einer erhöhten Position erklärt er, wie die Welt zu funktionieren habe. Tatsächlich ermächtigt sich die Literatur spätestens am Ende
10 des 19. Jahrhunderts, ein „Sinnvakuum" zu füllen, das in der differenzierten modernen Gesellschaft entstanden war, als nicht mehr nur der klerikale oder der politische Diskurs allen Bürgern und Bürgerinnen einen zentralen Sinn vermitteln konnte.

Quelle: Thomas Ernst, Georg Sitaler: Subversion durch Literatur? Politikwissenschaft und Literaturwissenschaft im Gespräch. In: Literatur und Politik im Unterricht. Wiener Beiträge zur politischen Bildung, Nr. 4. Hrsg. v. Stefan Krammer, Sabine Zelger. Wochenschau, Schwalbach/Ts. 2015, S. 93–115

1 Erläutern Sie, wie Thomas Ernst das Entstehen einer politisch engagierten Literatur und mit ihr des „klassischen Intellektuellen" begründet.

2 Prüfen Sie, ob Juli Zeh in diesem Sinne als Vertreterin einer engagierten Literatur gesehen werden kann.

3 Definieren Sie Juli Zehs Auffassung vom politischen Engagement einer Schriftstellerin und unterscheiden Sie diese von ihrem Begriff für „politische Literatur". – Vergleichen Sie Ihr Ergebnis mit Ihrer ersten Einschätzung.

Juli Zeh über politische Autorschaft (2020)

[E]s gibt in einer Demokratie überhaupt keine Verpflichtung, sich politisch zu betätigen, weder für Schriftsteller noch für andere Bürger. Man muss keine Zeitungen lesen, man muss nicht wählen gehen, und
5 schon gar nicht muss man sich öffentlich politisch äußern, auch nicht als Autorin.
Aber trotzdem ist es wichtig, dass manche Autoren es tun. Schriftsteller haben in gewisser Weise eine Sonderrolle im öffentlichen Diskurs. Nicht, weil sie irgend-
10 etwas Bestimmtes wüssten oder können – optimalerweise sollten sie sich einigermaßen ausdrücken können. Ihr besonderer Status besteht darin, dass sie, anders als andere Diskursteilnehmer, nicht von Meinungen abhängig sind. Eine Schriftstellerin muss nicht um Wäh-
15 lerstimmen kämpfen wie ein Politiker, sie muss keine Aufmerksamkeitshypes generieren wie ein Journalist. Sie ist auch nicht mehr, wie in den sechziger und siebziger Jahren, Teil einer intellektuellen Bewusstseinsindustrie, in der man quasi wöchentlich Mahnbrie-
20 fe verfassen musste, um den Anschluss nicht zu verlieren. Autoren besitzen in unserer Gesellschaft eine außergewöhnliche Freiheit, die es ihnen erlaubt, sich tatsächlich unstrategisch zu äußern. Man muss diese Freiheit nicht nutzen – man kann es aber tun. Und dann
25 schafft man es vielleicht, eine ruhigere Sichtweise im Informationsgeflacker unterzubringen. Größere Bögen zu schlagen, das Geschehen etwas mehr aus der Vogelperspektive zu betrachten. Gerade zurzeit sind solche Stimmen wichtig. […]

30 Eine politische Autorin muss nicht notwendig politische Romanliteratur schreiben. Ich kann unpolitische Romane verfassen und zwischendurch ein hochpolitisches Interview geben oder einen politischen Essay veröffentlichen. Die Eigenschaft als politische Autorin
35 erfasst ja nicht notwendig alles, was man zu Papier bringt.
[…] Es ist ja gerade ein Merkmal von guter Literatur, dass sie nicht nur den Individualfall schildert, sondern mindestens implizit etwas über die Bedingungen
40 menschlicher Existenz miterzählt, und diese Bedingungen sind immer historisch, sozial und politisch geprägt. Jeder gute Roman ist für mich ein Stück Zeitgeist, ganz egal, aus welcher Epoche er stammt, und damit im Grunde schon fast ein Gesellschaftsroman.
45 Im Unterschied dazu würde ich politische Literatur dadurch kennzeichnen, dass sie eine klare politische Aussage enthält. […] Mit anderen Worten, der Autor muss beim Schreiben etwas „gewollt" haben im Sinne einer politischen Intention, und das muss für den Leser
50 klar erkennbar sein.
Eine solche Intention ist mir normalerweise fremd. […] [D]ie Aussage eines Romans […] liegt gerade in der Mehrdimensionalität, in der Komplexität, im Nebeneinander von verschiedenen Ansichten und Daseins-
55 formen. Ein guter Roman verweigert sich normalerweise der Didaktik. Er will komplex sein wie das Leben selbst. Er möchte seine Leser nicht erziehen, sondern auf eine Reise mitnehmen. […]

Das Politische an einem Text geht zu Lasten der Literarizität. So ist es auch bei *Corpus Delicti*. Der Text ist vergleichsweise simpel gebaut, die Figuren sind eher Prototypen für bestimmte Denk- und Verhaltensweisen als psychologisch ausgefeilte Charaktere. Alles, was gesprochen wird und was passiert, steht im Dienst einer Intention – meiner Intention. Der Text ist also weniger Selbstzweck als Mittel zum Zweck, was ihn aus meiner Sicht von „normaler" Literatur unterscheidet.

Aber natürlich hat politische Literatur ihre Berechtigung. Es hat ja auch einen Grund, warum es sie überhaupt gibt. Literarische Mittel können eine hohe Suggestionskraft entfalten. Komplexe politische Fragen sind unter Umständen besser zu verstehen, wenn man sie anhand einer Geschichte illustriert, als wenn sie abstrakt erklärt werden. Literatur erreicht gleichermaßen Verstand und Gefühl. Sie kann ein Thema auf vielen Ebenen gleichzeitig behandeln. […]

Nach der Veröffentlichung von *Corpus Delicti* sind immer wieder Leser zu mir gekommen und haben mir erzählt, dass sie nun zum ersten Mal verstanden haben, was an einem Rauchverbot problematisch sein könnte oder warum ein so schmaler Grat zwischen Prävention und Bevormundung verläuft. Sie hatten noch nie über den ersten Anschein hinausgedacht, der häufig für eine „vernünftige" Regelung spricht.

Literatur hat diese einzigartige Fähigkeit, Menschen zur Empathie zu verhelfen. Wenn wir lesen, können wir in die Köpfe und Herzen anderer Menschen hineinsehen, wir erleben mit ihnen, was passiert.

Quelle: Juli Zeh: Fragen zu Corpus Delicti. btb, München 2020, S. 130 f., 132, 133 f., 200 f.

4 Nehmen Sie Stellung zu Juli Zehs Meinung, politische Literatur sei „simpel gebaut".
Teilen Sie die Einstellung der Autorin zu ihrem eigenen Roman?

5 Überprüfen Sie den Begriff der „Mehrdimensionalität" (Z. 53) von Romanen anhand eigener Lektüreerfahrungen: Welche eigenen Erfahrungen haben Sie mit politischer Literatur gemacht (z. B. von Brecht, Böll oder Grass)? Muss politische Literatur notwendig unterkomplex und eindimensional sein? Wie steht es mit der Deutungsoffenheit von *Corpus Delicti. Ein Prozess*?

6 Der Germanist Thomas Ernst (s. o.) hat sich bei seiner Beschäftigung mit politischem Schreiben in der Gegenwartsliteratur auch mit Juli Zeh befasst. Nehmen Sie unter Bezug auf den Roman *Corpus Delicti* Stellung zu seiner Ansicht vom Bedeutungsverlust des literarischen Intellektuellen.

Thomas Ernst: Politisches Schreiben in der Gegenwart (2015)

Die Figur des literarischen Intellektuellen und die Relevanz seiner engagierten Literatur legitimierten sich […] vor allem aus nationalkulturellen Sinngebungssystemen. Heute ist klar, dass aus einer nationalen Position heraus politische Prozesse kaum mehr fundamental geändert werden können. All das trägt zu einem Bedeutungsverlust der intellektuellen Rede und letztlich der engagierten Literatur bei. […]

Der literarische Intellektuelle und die engagierte Literatur sind nicht tot, aber ihre gesellschaftliche Relevanz hat sich minimiert. Wenn z. B. Intellektuelle wie Juli Zeh und Ilija Trojanow einen Aufruf gegen den digitalen Überwachungsstaat lancieren[1], kann gefragt werden, warum ausgerechnet Schriftsteller/-innen, die ihre öffentliche Bedeutung hauptsächlich in einem System gedruckter Bücher gewonnen haben, Experten und Expertinnen dieses Diskurses sein sollen. Edward Snowden ist sicher kein literarischer Vorzeigeintellektueller, […] hat aber wohl in dieser Frage mehr Bedeutung generiert als alle literarischen Intellektuellen zusammen. […] Auch Hans Magnus Enzensberger […] erklärte […], die literarischen Intellektuellen seien „in gewisser Weise überflüssig geworden […]: Ich glaube, es ist eine Vergesellschaftung solcher Rollen eingetreten. Wir haben Heinrich Böll verloren. Aber dafür haben wir Amnesty und Greenpeace."

[1] lancieren: herausbringen, verbreiten, in einer Debatte positionieren

Quelle: Thomas Ernst, Georg Sitaler: Subversion durch Literatur? Politikwissenschaft und Literaturwissenschaft im Gespräch. In: Literatur und Politik im Unterricht. Wiener Beiträge zur politischen Bildung, Nr. 4. Hrsg. v. Stefan Krammer, Sabine Zelger. Wochenschau, Schwalbach/Ts. 2015, S. 93–115

Gattungsfragen erörtern

1 Überprüfen Sie anhand der folgenden Definition von Juli Zeh die Frage, ob *Corpus Delicti* ein Science-Fiction-Roman ist.

> Ein Science-Fiction-Roman ist […] eine technologische Vision. Das sagt schon der Name. Science Fiction handelt davon, wie unsere Welt in der Zukunft aussehen könnte, wenn sich bestimmte technische Revolutionen ereignen, zum Beispiel eine radikale Ausweitung der Raumfahrt, die Möglichkeit von Zeitreisen, die vollständige Digitalisierung des menschlichen Lebens oder der hemmungslose Einsatz von Gentechnik. […] [Es ist] Teil des Gattungsbegriffs, dass sich der Autor für die technischen Aspekte seiner Phantasiewelt interessiert.

Quelle: Juli Zeh: Fragen zu Corpus Delicti. btb, München 2020, S. 117 f.

2 Lesen Sie sich die folgende Definition der Autorin zu den literarischen Gattungen Utopie und Dystopie durch. Welchen genrebezogenen Untertitel würden Sie demnach *Corpus Delicti* geben: Utopie oder Dystopie von einem zukünftigen (besseren oder schlechteren) Leben? Begründen Sie Ihre Entscheidung.

> Der Begriff „Utopie" entstammt ursprünglich dem Titel eines Romans, der im Jahr 1516 erschien, nämlich *Vom besten Zustand des Staates oder von der neuen Insel Utopia*, geschrieben vom englischen Staatsmann Thomas Morus. Auf dieser Insel lässt der Autor eine ideale Gesellschaft entstehen, nicht in ferner Zukunft, sondern gewissermaßen nur in geographischer Ferne von seinem Heimatland. Das Ziel dieser Vision ist es, den Zeitgenossen einen kritischen Spiegel vorzuhalten. Es geht also nicht um das Erträumen einer besseren Welt im Sinne einer Realitätsflucht, sondern um eine literarische Form von Gesellschaftskritik.
> Eine Dystopie hingegen ist eine Anti-Utopie, bei der eine bewusst negative Gesellschaftsvision entwickelt wird, die ebenfalls ein kritisches Licht auf gegenwärtige Verhältnisse werfen soll. Dabei werden aktuelle Entwicklungen in die Zukunft extrapoliert[1]. Gattungsgeschichtlich ist die Dystopie ein Kind der industriellen Revolution. Sie stellt im Grunde eine Umkehr von positivem Fortschrittsglauben zu Fortschrittsbesorgnis dar.

1 extrapolieren: aus bekannten Daten oder Umständen eine Prognose ableiten

Quelle: Juli Zeh: Fragen zu Corpus Delicti. btb, München 2020, S. 119

3 Zählen Sie klassische und gegenwärtige Stoffe aus Literatur und Film auf, die sich dem Genre der Dystopie zuordnen lassen.

4 Der Science-Fiction-Spezialist Dietmar Dath hat auf einer Tagung über Utopien und Dystopien die vereinfachende Deutung seines Lieblingsgenres kritisiert. – Lesen Sie den stark gekürzten Vortrag und fassen Sie seine Hauptthesen in eigenen Worten zusammen.

Dietmar Dath: Kunst als Hoffnung, Kunst als Angst (2018)

Ich mag es nicht mehr lesen, ich will es nicht mehr sehen und ich kann es nicht mehr hören. Jedes Mal, wenn eine bedeutende Person stirbt, die Geschichten über Eisplaneten, Zeitmaschinen, geklonte Bohnen, über intelligente Wesen mit sechs Geschlechtern oder über weinende Computer geschrieben hat, wird sie in jedem Käseblatt und im gesamten Internet rückwirkend dafür bewundert und gelobt, dass sie uns Utopien hinterlassen hat oder Dystopien, schlimmstenfalls beides. Verfasserinnen oder Verfasser von spekulativer Phantastik, besonders aber von Science Fiction, sind anscheinend permanent damit befasst, vor dem zu warnen, was da kommen mag (dann aber nie so kommt, wie es bei ihnen steht), oder andererseits Hoffnung zu stiften. Wüsste man nicht, ob ein Szenario in einem Text eines dieser Menschen eine Utopie oder eine Dystopie ist, so wäre dies offenbar schlimmer, als wenn man den Autoschlüssel verlöre oder die eigene Unterschrift nicht mehr hinbekäme.

Immer rein mit den Texten ins Einweckglas, Zettel draufgeklebt und fertig: Dieser Text hier, über den schrecklichen Ort, ist eine Dystopie, und der da, über einen schönen Ort, ist eine Utopie. Von den Dystopien, soviel weiß heute jedes blinde Huhn auf Twitter, gehen die Mahnungen und die Warnungen aus, und wenn es ganz besonders radikale Dystopien sind, stürzen sie uns in moralische Verzweiflung. Von den Utopien gackert dasselbe Huhn, gehen Hoffnungen aus, und wenn es ganz besonders radikale Utopien sind, werden wir agitiert¹ wie vom linken Flugblatt, als es das noch gab. […]

Der zweiseitige Hebel „Utopie-Dystopie" ist nichts als ein Brecheisen, mit dem man die schönen Puzzlekästchen der spekulativen Phantastik nur kaputtmachen kann, deren wahre Herausforderung an Verstand, Herz und Seele des Publikums doch gerade darin besteht, dass es die sachgemäße und kunstgerechte Art findet, das jeweilige Kästchen zu öffnen. […]

Schuld daran, dass die Utopie-Dystopie-Unterscheidung so gern als Literaturdeutungsmaßstab genommen wird, ist vor allem ein Mann namens George Orwell. Dieser britische Schriftsteller hat im spanischen Bürgerkrieg gegen die Faschisten gekämpft und dabei hässliche Erfahrungen mit dem organisierten, moskautreuen Kommunismus gemacht. Deshalb veröffentlichte er 1949 eine Satire namens *Nineteen-Eighty-Four* über ein zukünftiges England unter einem Regime, das die abstoßendsten Züge dessen, was Orwell mit vielen seiner Zeitgenossen „Stalinismus" nannte, auf sich vereinigte und überhaupt keine Vorteile hatte. Persönliche Rache am Schicksal hat einige sehr gute Texte hervorgebracht, aber *Nineteen-Eighty-Four* gehört nicht dazu.

Das Buch krankt am belehrenden Naturell des Verfassers, der nicht nur Schwierigkeiten hatte, eine in sich stimmige üble Gesellschaft zu konstruieren […].

[D]ie Gesellschaft, die der Engländer ausmalt, […] wäre keine zehn Minuten lebensfähig, mindestens fünf Personen müssten jeweils eine sechste überwachen, nicht einmal für die Idee, das Verfahren zu automatisieren, egal, ob man das dann Computer nennt oder nicht, hat es bei Orwell gereicht. Das ist kein stofflich-thematischer Einspruch, es betrifft die künstlerische Verfahrensweise: Hätte Orwell sich der geistigen Disziplin unterworfen […], wäre ihm aufgefallen, dass die Gesellschaft, die er darstellen will, zumindest effizienter verwaltet sein muss als seine eigene, und damit wäre er dann aufs Computer- und Vernetzungsprinzip gestoßen, dessen Applikationen uns heute soviel Ärger machen. Mit der Offenheit, die entdeckt, dass Erklärungen in Beschwerden umschlagen können und umgekehrt, und dass ein Nachteil – die Überwachung – in derlei Szenarien immer an einem Vorteil – der Effizienz – hängt, denkt kunstgerechte spekulative Phantastik: Interessiert am Verhältnis der Variablen zu den Invarianten in den menschlichen Verhältnissen und daran, ob einiges, was man hier und heute für eine Invariante hält, nicht eine Variable ist, oder umgekehrt. Das ist eine Art, zu denken, die das Stoffliche und Thematische nicht voraussetzt wie beim Lehrgedicht, sondern erst erschließt und im Erschließen erschafft […].

Worum ich […] mit Nachdruck bitten möchte, ist mehr Respekt vor der Konstruktion, die sich mit den Variablen und den Invarianten des Gegebenen und des Vorstellbaren befasst und sich dabei möglichst weit von Vorgaben didaktischer, pädagogischer, agitatorischer oder sonstwie bevormundender Sorte emanzipiert. […] Das künstlerische Ideal ist nicht einfach identisch mit dem sozialen, also etwa der bestmöglichen Welt, sondern der größtmögliche Spielraum für dieses Spiel. Der Himmel der Kunst schließt ein, dass sie auch die Hölle gestalten darf, und alles, was zwischen der und dem sozialen Himmel liegt, oder ganz abseits der kürzesten Strecke, mit der man diese beiden verbinden könnte. Der Horizont der spekulativen Phantastik ist nicht der einer Sportveranstaltung, bei der diejenigen als erste ins Ziel gelangen, die irgendeine utopische oder dystopische Lektion gelernt haben. Er ist offen und soll es sein.

1 agitieren: politisieren, jemanden offensiv beeinflussen, auf jemanden einwirken, Propaganda machen

Quelle: Dietmar Dath: Kunst als Hoffnung, Kunst als Angst. (24.11.2018)
Unter: https://www.derstandard.de/story/2000092082372/autor-dietmar-dath-kunst-als-hoffnung-kunst-als-angst (Zugriff 29.03.2021, gek.)

5 Vergleichen Sie Daths Einwände gegen die Reduzierung der Science-Fiction-Literatur mit Juli Zehs Definitionen.

6 Wenden Sie Daths Kritik auf *Corpus Delicti* an. Schreiben Sie eine Einschätzung über den Roman aus seiner Sicht.

Sich mit Meinungen zum Roman auseinandersetzen

1 Juli Zehs Roman *Corpus Delicti. Ein Prozess* wurde überwiegend positiv aufgenommen. Im Folgenden finden Sie zwei Rezensionen, die sich diametral gegenüberstehen. – Lesen Sie die beiden Rezensionen und stellen Sie Lobendes und Kritisches gegenüber.

2 Überprüfen Sie die Meinung der Rezensenten und bilden Sie sich Ihren eigenen Standpunkt.

3 Verfassen Sie anschließend eine eigene Buchbesprechung.

Evelyn Finger: Das Buch der Stunde (2009)

[…] Juli Zeh versucht die Gründe zu benennen, warum auch freie Gesellschaften Unfreiheit erzeugen. Und weil das so schwierig ist, verfährt die versierte Erzählerin diesmal weniger erzählerisch als diskursiv – wie man es als Leser einer Utopie auch erwartet. Seit Thomas Morus haben die Meister des Genres zuungunsten der Form die Idee betont. Nach diesem Prinzip entwickelt auch Juli Zeh ihre philosophische Novelle über eine Welt, wo Perfektion Pflicht und Pragmatismus[1] der Traum ist, wo alle Alternativen diskreditiert[2] sind und die großen Fragen nicht mehr gestellt werden: Wer sind wir? Woher kommen wir? Was erwartet uns? […] Manchen Lesern mag eine Reminiszenz[3] an den Nationalsozialismus in einer Erzählung aus dem Jahr 2050 altmodisch vorkommen, weil sie glauben, das Jahrhundert der Diktaturen sei vorbei. Sie halten die Ideologie des „lebensunwerten Lebens" für erledigt und übersehen die naheliegende Ideologie der Effizienz. Juli Zeh will nicht den Ökoterror aus dem Faschismus herleiten, sondern einer körperfixierten Gesellschaft die Augen öffnen, die aus Stolz auf den historischen Sieg der Demokratie blind ist für das Fortwirken des Totalitären. Für die Versprechen der Gentechnik und die kalten Prämissen der Künstliche-Intelligenz-Forschung. Für die Menschmaschinenbauer mit ihrem Optimierungswahn und die Gesundheitsreformer mit ihrer instrumentellen Vernunft […]. Der Mensch der Gegenwart ist ein Kostenfaktor, und Abweichungen von der Norm erzeugen Verluste. Juli Zeh stellt sich den Sieg des Kosten-Nutzen-Denkens so vor, dass in Zukunft die Abweichler wieder beseitigt werden. […] Das Bestechende an *Corpus Delicti*: dass die Autorin ihre eigene Mitleidsdramaturgie durchkreuzt und ihre Heldin nicht als lammfrommes Opfer zur Schlachtbank führt, sondern als Staatsfeindin wider Willen. Die Hauptfigur ist nämlich Biologin, ihr Bruder wurde als Kind von Leukämie geheilt. Deshalb verteidigt sie anfangs das Gesundheitsparadies, in dem sie nachher zugrunde geht. […] Durch den knappen Erzählstil, indem Zeh die kursierenden Perfektionsfantasien ohne viel Aufwand an Kulisse ins Extrem treibt, stellen sich Assoziationen ein. Der Leser sieht plötzlich, wohin Rauchverbote führen könnten, nämlich in den Zwang zur Selbstoptimierung, und worauf Fitnessgebote fußen, nämlich auf einem Nützlichkeitsdenken, das den Einzelnen auf die Gemeinschaft verpflichtet. […] Es geht hier noch einmal um die großen Themen der letzten 200 Jahre: Freiheit und Gerechtigkeit, Kultur und Natur, Wahrheit und Propaganda. […]

[1] Pragmatismus, der: ideologiefreie, lösungs- und zweckorientierte Einstellung
[2] diskreditieren: verunglimpfen, abwerten, herabsetzen
[3] Reminiszenz, die: Erinnerung, Rückblick

Quelle: Evelyn Finger: Zukunftsvision. Das Buch der Stunde. In: DIE ZEIT Nr. 10 v. 26.02.2009

Rainer Moritz: Unverträgliche Immunsysteme (2009)

[…] Einerseits möchte man Juli Zeh lauthals dafür preisen, wie sie in ihrer Anti-Utopie den „Gesundheitswahn" unserer Tage auf die Zukunft, die Mitte des 21. Jahrhunderts, projiziert und eine erschreckende Gesellschaftsvision zeichnet. Andererseits rührt sich schon nach wenigen Kapiteln Unmut darüber, mit welch bescheidenen literarischen Mitteln Juli Zeh ihr Ziel verfolgt. […] Mias Kampf gegen die Hygienefanatiker des Staats wird ohne großes Raffinement vor allem in Rückblicken und Dialogen erzählt. Der stilistische Aufwand hält sich in Grenzen, wobei Juli Zeh ihren berüchtigten metaphorischen Überschwang weitgehend im Zaum hält und es nur selten zu größeren Missgriffen („Unter dem Fenster machte sich die Ermangelung einer Schlafstätte breit") kommt. *Corpus Delicti* ist, wie Juli Zeh selbst sagt, ein „didaktisches Buch", und genau darin liegt sein Problem. Zu offensichtlich ragt der warnende Zeigefinger in die Höhe, zu papieren wirken viele der Figuren, von denen manche auch noch Rosentreter und Hutschneider heißen. (Anti)utopische Entwürfe leiden nicht selten unter einem solchen Zwiespalt, und auch Juli Zeh hat keine überzeugenden Mittel gefunden, ihre bedenkenswerten Botschaften formal adäquat zu gestalten. […]

Quelle: Rainer Moritz: Unverträgliche Immunsysteme. (18.07.2009) Unter: https://www.nzz.ch/unvertrgliche_immunsysteme-1.3090964 (Zugriff 29.03.2021, gek.)

Umsetzungen auf der Bühne deuten

1 Überprüfen Sie die These der Autorin, dass man dem Roman anmerke, dass er „als Drama auf die Welt gekommen" sei.

2 Betrachten Sie die unterschiedlichen Bühnenbilder aus Aufführungen von *Corpus Delicti* und beschreiben Sie die Gestaltungsideen inhaltlich und formal.

3 Entscheiden Sie begründet, welches der Bühnenbilder Sie am meisten überzeugt.

Aufführung am Staatschauspiel Dresden (2014, Regie: Susanne Lietzow)
Quelle: Matthias Horn, Berlin

Aufführung des Jungen Deutschen Theaters Berlin (2020, Regie: Robert Lehniger)
Quelle: Arno Declair, Berlin

DIE METHODE, nach dem Stück „Corpus Delicti" von Juli Zeh. Deutsches Theater Göttingen, mit freundlicher Genehmigung
Quelle: Foto: stage picture gmbh – Thomas Jauk, Berlin

4 Stellen Sie sich vor, Sie müssten als Regisseur(in) *Corpus Delicti* an Ihrer Schule umsetzen.
- Legen Sie zunächst Schauplätze für die verschiedenen Handlungsorte fest (vgl. Kopiervorlage 9).
- Wiederholen Sie die wichtigsten Stationen des Romans und teilen Sie anschließend jedem Ort mindestens eine zentrale Station zu.
- Gestalten Sie die verschiedenen Orte nach Ihren Vorstellungen.
  Denken Sie daran, dass die Handlung etwa im Jahr 2050 spielt.
- Entwerfen Sie abschließend Kostüme für die verschiedenen Figuren (vgl. Kopiervorlage 12 bis 15).

Übungsklausur für Schülerinnen und Schüler

Juli Zeh: Corpus Delicti. Ein Prozess (2009)

Zu Ende

[…] Die Liege ist bequem, der Raum sauber, die Luft klimatisiert. Man hat Mia gewaschen, massiert und gefüttert. Man hat sie in einen Neopren-Anzug gesteckt, der die Haut vor Frostschäden schützen wird. Sie wurde hereingetragen und auf ein Gerät gelegt, das mit seinen gläsernen Platten und Röhren harmlos aussieht wie eine aufgeklappte Sonnenbank. Auch Hutschneider und Kramer wirken nicht mehr bedrohlich, schon gar nicht überlebensgroß. Kramer kühlt Mias Stirn mit einem feuchten Tuch, sorgt dafür, dass sie bequem liegt, und reicht ihr die Tasse für einen Schluck heißes Wasser. Es fehlt nicht viel und er hätte sie mit dicken weißen, frisch duftenden Daunen zugedeckt. […]

„Ich dokumentiere", sagt Hutschneider. „Die Verurteilte wurde auf die Vollstreckung vorbereitet und nach Paragraph 234 Gesundheitsordnung über alle medizinischen Details belehrt. […] Frau Holl, wie lautet Ihr letzter Wunsch?"

Mia ist so angenehm schläfrig, dass sie eine Weile braucht, um zu verstehen, dass man mit ihr spricht.

„So was gibt's wirklich?"

„Ganz klassisch", sagt Kramer.

„Dann halten wir es auch klassisch. Ich möchte eine Zigarette."

Kramer freut sich; fast hätte er in die Hände geklatscht. „Sehen Sie!", ruft er. „Ich wusste es."

Er fördert ein silbernes Zigarettenetui zutage und bietet Mia mit galanter Geste davon an.

„Aber Sie können doch nicht …", beginnt der Richter.

„Sie sind ein Schlappschwanz, Hutschneider", erwidert Kramer vergnügt und gibt Feuer.

Mia nimmt einen tiefen Zug.

„Die Verurteilte …" Hutschneider kritzelt in seinem Protokoll. „Ich kann das doch so nicht …" Er schaut auf. „Also, die Verurteilte verzichtet auf ihren letzten Wunsch." […]

„Das mit den Guillotinen hat mir übrigens gefallen", sagt Kramer. „Tötet oder schweigt. Ich werde Sie in meinem Nachruf zitieren. Wie fühlen Sie sich?"

„Gut", sagt Mia. „Es riecht nach Moritz."

„Im Namen der METHODE", sagt Hutschneider.

Der Deckel der Apparatur fährt langsam herunter; Mia nimmt noch einen Zug und reicht Kramer die Zigarette.

„Also gehe ich ins Exil", sagt sie leise.

Der Deckel klappt zu. […]

Es wäre ein guter Augenblick für das Ende. Ein guter letzter Satz; dazu der seit Wochen oder Monaten friedlichste Moment. Aber die Tür fliegt auf, und Bell eilt aufgeregt und mit keuchendem Atem herein. In Händen hält er ein Dokument, das zu einer Rolle gedreht und auf altmodische Weise versiegelt ist.

„Ich muss", schnauft er, „den Vorgang unterbrechen." […]

Während der Staatsanwalt das Siegel bricht, lehnt Kramer in vertrauter Pose, mit überkreuzten Armen und zufriedenem Lächeln, an der Wand.

„Der Präsident des Methodenrats", liest Bell, „entschließt sich auf Antrag der Verteidigung und nach Wunsch von höchster Stelle zu einer Begnadigung der Verurteilten."

Der Deckel löst sich aus seiner Verankerung. „Wie schön", sagt Kramer zu Mia. „Sie sind gerettet."

Mühsam richtet sich die Verurteilte auf. „Was?", fragt sie tonlos.

Als Kramer ihre fassungslose Miene sieht, bricht er in herzliches Gelächter aus. Er lacht so sehr, dass er kaum Luft bekommt.

„Hören Sie", sagt ein aufgeregter Hutschneider. „Ich verstehe nicht, was …"

Kramer kann nicht anders, als mit dem Finger auf Mia zu zeigen. „Schauen Sie sich die Verurteilte an!", stößt er hervor, als er wieder sprechen kann. „Dieser entgeisterte Blick! Sie hat ernsthaft geglaubt, die METHODE würde Sie zur Märtyrerin machen. […] Stehen Sie auf. Ziehen Sie sich an. Gehen Sie nach Hause. Sie sind …" Noch einmal kehrt der Lachanfall zurück. „Frei!"

„Nein", flüstert Mia. […]

„Das reicht jetzt." Hutschneider schaut Kramer wütend an, der sich die Lachtränen aus den Augen wischt und seine Fassung zurückgewinnt.

„Nein!", schreit Mia. „Das könnt ihr nicht machen! Ihr müsst mich hierbehalten! Ihr schuldet mir das!"

„Psychologische Betreuung", sagt Bell zu Hutschneider. „Bestellen einer Aufsichtsperson. Unterbringung in einer Resozialisierungsanstalt. Medizinische Überwachung. Alltagstraining." […]

Immer weiter redend, verlassen die beiden Herren den Raum. Auch Kramer hat die Hand auf der Klinke. Er wirft Mia sein Zigarettenetui und das Feuerzeug zu.

„Leben Sie wohl, Frau Holl", sagt er. Mia bleibt allein zurück. Sie schüttelt mit dem Kopf.

Denn erst jetzt ist sie–erst jetzt ist das Spiel–erst jetzt ist wirklich alles zu Ende.

Quelle: Juli Zeh: Corpus Delicti. Ernst Klett Sprachen, Stuttgart 2015, S. 260–264

1 Interpretieren Sie das letzte Romankapitel unter besonderer Berücksichtigung des Verhaltens von Kramer und Mia Holl.

2 Deuten Sie das Schlusskapitel in Bezug auf Mias letzten Satz vor der Verurteilung: „Ich habe trotzdem gewonnen" (S. 259).

Erwartungshorizont

Zu Aufgabe 1

Inhaltliche und formale Analyse: Das letzte Kapitel des Romans handelt von der Vollstreckung des Urteils (s. Kap. 49), die im letzten Moment mittels eines Begnadigungsschreibens des Präsidenten des Methodenrats abgebrochen wird. Mia soll in einer Resozialisierungsanstalt untergebracht werden, in der sie strenger Überwachung unterliegt. Die Begnadigung wird von Kramer dadurch begründet, dass man keine Märtyrerin aus Mia machen wolle.

Das Kapitel ist durch seine Dialogstruktur gekennzeichnet. Der auktoriale Erzähler kommentiert das jeweilige Verhalten der Figuren, indem er anzeigt, wie sie sich verhalten (z. B. „Kramer freut sich", Z. 24) bzw. sprechen (z. B. „sagt ein aufgeregter Hutschneider", Z. 69). Zudem beschreibt der Erzähler aus Mias Sicht die Atmosphäre („Die Liege ist bequem […]", Z. 1) sowie die Wirkung von Kramer und Hutschneider (Z. 8 f.). An zwei Stellen demonstriert der Erzähler sein über das objektive Geschehen hinausgehendes Wissen, indem er zum einen Kramers Fürsorglichkeit ausschmückt (Z. 10–14) und zum anderen die Schlusswendung per Potentialis vorwegnimmt: „Es wäre ein guter Augenblick für das Ende. Ein guter letzter Satz; […] Aber …". (Z. 47 f.)

Analyse des Verhaltens von Kramer: […]

Analyse des Verhaltens von Mia Holl: Mia Holl sieht von Anfang an ihrem „Einfrieren auf unbestimmte Zeit" (S. 259) gefasst entgegen. Sie hat sich bereits mit dem Urteil abgefunden und befindet sich in einem Zustand angenehmer Schläfrigkeit (Z. 20). Ihr Wunsch nach der letzten Zigarette bedeutet einen letzten Triumph über die METHODE und suggeriert ihr, als Siegerin aus der Geschichte hervorzugehen, zumal Kramers Hinweis auf einen Nachruf ihr auch Ruhm post mortem verspricht. Auf Kramers Frage nach ihrem Befinden antwortet sie dementsprechend „gut" (Z. 41) und sieht sich im Einklang mit ihrem Bruder Moritz. Ihren Tod bezeichnet sie als „Exil" (Z. 46), was als Hinweis auf einen freiwilligen Rückzug aus dem falschen und heuchlerischen Staat verstanden werden kann. Während sie daher im Bewusstsein eines Todes, den sie – ähnlich wie ihr Bruder – in freier Entscheidung gewählt hat, gleich ruhig einzuschlafen glaubt, wird sie brutal aus ihrer Selbstgewissheit gerissen. Ihr Protest („Ihr schuldet mir das!", Z. 84) verhallt wirkungslos. Die Anordnung der Resozialisierungsmaßnahmen beweist ihr, dass „alles zu Ende" ist (Z. 95): ihr Kampf gegen den Staat und seine falschen Propheten, ihr Eintreten für die Unschuld ihres Bruders und ihre Selbstermächtigung angesichts eines nur scheinbar unfehlbaren Systems und einer gehorsamen Masse.

Zu Aufgabe 2

Paraphrase von Mias letztem Satz: Mias Aussage, dass sie „trotzdem gewonnen" hat, ist als geistiger Sieg zu werten. Obwohl sie zum „Einfrieren auf unbestimmte Zeit" verurteilt wird, hat sie in den letzten Wochen ihres Lebens einen Grad der Selbstbestimmung gewonnen, den der Methodenstaat nicht vorgesehen hat. Damit hat sie Sophies Aussage, dass der Staat „keinen Raum für Privatangelegenheiten lässt" (S. 58) widerlegt. Mias autonomes Verhalten steht im Widerspruch zur Methode und belegt ihre wiedergewonnene Freiheit. Sie hat sich zu ihrem Bruder bekannt, den Justizirrtum an Moritz öffentlich gemacht, hat eine Revolte entfacht, sich vom Überwachungs-Chip befreit und damit verdeutlicht, dass es falsch ist, Entscheidungen an Maschinen und Algorithmen zu delegieren. Daher nimmt sie den Augenblick der Verurteilung im Gerichtssaal als Sieg wahr.

Deutung des Schlusskapitels: […] Die Schülerinnen und Schüler sollten in ihrem Aufsatz selbst entscheiden, ob sie dieses Ende als pessimistisch oder als positiv betrachten. Zunächst scheint es aus der Sicht von Mia nur negativ zu sein. Andererseits ist Mias Kampf nicht ohne Folgen geblieben und es ist nicht unwahrscheinlich, dass auch andere an ihrem Beispiel wachsen und dadurch eines Tages den Staat wieder in eine offene, demokratische und pluralistische Gesellschaft umgestalten, in der es möglich ist, sich ohne Kontrolle persönliche Gesundheits- und damit Lebensziele zu setzen, in dem Gerichtsverfahren klar unterscheidbare Parteien kennen und in dem „Inquisitoren" wie Kramer nicht obsiegen, sondern vor einem unparteiischen Gericht nach gleichen Gesetzen für alle zu einer gerechten und maßvollen Strafe verurteilt werden. – Die Autorin selbst kann sich ebenfalls eine offene Lesart ihres Romanendes vorstellen: „Wenn ein Leser das Ende als offen empfindet und im Anschluss an die Lektüre darüber nachdenkt, was da zum Schluss eigentlich genau passiert – umso besser. Ich habe immer wieder erfahren, dass ein Buch so viele Romane enthält, wie es Leser gibt" (J. Zeh: Fragen zu „Corpus Delicti", S. 58).

Klausurvorschlag für die Lehrkraft

Juli Zeh über Selbstoptimierung und Gesundheitspolitik (2020)

Juli Zeh hat 13 Jahre nach dem Erscheinen ihres Romans „Corpus Delicti. Ein Prozess" ein Begleitbuch herausgegeben. In Form eines fiktiven Interviews beantwortet sie darin systematisch Fragen von Leserinnen und Lesern zu ihrem Roman.

[W]ie lautet die Fragestellung bei Corpus Delicti?
Allgemein gesprochen lautet die Frage: „Wie wollen wir leben?" Das ist ja im Grunde die Mutter aller politischen Fragen.
5 Bei *Corpus Delicti* steckt hinter dieser allgemeinen Frage eine konkrete Überzeugung – wie es bei „echter" politischer Literatur aus meiner Sicht immer der Fall ist. Diese Überzeugung lautet, dass der Mensch in seiner Identität, in seinem Selbstgefühl und auch in
10 seinem Glück nicht durch den Körper, sondern durch den Geist bestimmt wird. Nicht der Körper, sondern der Geist ist Träger von persönlicher Freiheit. Es ist nicht körperliche Fitness, sondern geistige Reife, die dem Menschen zu demokratisch relevanter Mündigkeit
15 verhilft. Übrigens ist auch der Geist und nicht etwa der Körper Ursprung des guten Lebens. Eher ist ein chronisch Kranker, der über eine gefestigte Persönlichkeit verfügt, in der Lage, die Fülle des Daseins zu genießen, als dass sich ein körperlich gestählter Gesundheitsfan,
20 der im Hamsterrad der Selbstoptimierung steckt, jemals zufrieden fühlt.
Wenn also die Frage „Wie wollen wir leben?" mit „Gut!" beantwortet werden soll, ist es unerlässlich, den Menschen alle Chancen zur Bildung und Entwicklung
25 ihrer Persönlichkeit und geistigen Fähigkeiten zu eröffnen. Während man ihnen im Bereich körperlicher Intimität die größtmöglichen Freiheiten einräumen muss.

Also ist Corpus Delicti ein Pamphlet gegen Gesundheitspolitik?
30 Diese Zuspitzung geht ein bisschen zu weit. Aber ich würde schon sagen: In erster Linie soll Politik nicht den Körper, sondern den Geist der Menschen ansprechen. […] Auf dem Feld der Gesundheitspolitik sollten staatliche Institutionen deshalb äußerste Vorsicht walten
35 lassen. Angebote und Aufklärung sind in Ordnung, sie dürfen aber nicht mit einem Belohnungs-Bestrafungs-System verbunden werden, wie es zum Beispiel die Krankenkassen anstreben. Regulierung, die das Privatleben betrifft, muss auf unvermeidliche Fälle wie den
40 Schutz vor akuten Seuchen vorbehalten bleiben. Noch wichtiger finde ich aber, dass wir uns politisch an die Grundlagen unserer Demokratie erinnern, nämlich daran, dass alle Menschen gleich sind. Die Gesunde ist nicht besser als die Kranke, der Junge nicht besser als
45 der Alte, der Schöne nicht besser als die Hässliche, die Dünne nicht besser als der Dicke, der Fitte nicht besser als der Schlappe, der Leistungsträger nicht besser als die Aussteigerin. Unmerklich haben wir unser gesamtes Leben den Prinzipien von Leistung, Optimierung und
50 Bewertung untergeordnet, mit anderen Worten: totalökonomisiert. […]

Ist die Gesundheit der Bürger denn kein legitimes Staatsziel?
Es gibt ein Recht des Staates, die Beziehungen der
55 Menschen untereinander zu regeln, um den gesellschaftlichen Frieden zu wahren. Der Staat soll verhindern, dass sich Bürger gegenseitig Schaden zufügen. Aber die Beziehung eines Menschen zu sich selbst, die Frage, ob er „vernünftig" mit sich umgeht oder einen
60 (gesundheits-) schädlichen Lebenswandel pflegt, geht den Staat nichts an. Der Umgang mit dem eigenen Körper gehört zum intimen Bereich der persönlichen Freiheit. Es gibt in diesem Sinn ein Recht auf Selbstschädigung, das den Bürgern nicht genommen werden
65 kann, ohne die Idee von individueller Freiheit in ihr Gegenteil zu verkehren.
Über das ökonomisierte Denken hat man aber Stück für Stück erreicht, die Gesundheit des Einzelnen zu einer Staatsangelegenheit zu machen. Denn schließlich kos-
70 ten Kranke ja Geld! Wenn man den Menschen nicht mehr als würdiges, zu respektierendes Wesen betrachtet, sondern als ein Stück Humankapital innerhalb der großen volkswirtschaftlichen Gesamtrechnung, dann wird Gesundheit tatsächlich zur politischen Frage.
75 Dann kann man Raucher oder dicke Menschen bestrafen, weil sie durch ihre „Sünden" die Gesellschaft eines Tages vielleicht mit hohen Kosten belasten werden. Dass ein ungesunder Mensch mit geringer Lebenserwartung in diesem zynischen Rechenspiel in Wahrheit
80 viel günstiger kommt als ein Gesundheitsfanatiker, der 98 wird, fällt unter den Tisch. Ebenso wie die Tatsache, dass ein noch so „vernünftiger" Lebenswandel keineswegs vor Krankheit und anderen Schicksalsschlägen schützt. Aber bei der Entwicklung von politischen
85 Mentalitäten geht es eben nicht so sehr um logische Argumente, sondern eher um ein Gefühl, was in der jeweiligen Epoche als falsch und richtig gelten soll.

Wie kommt es dann, dass eine solche Form von Politik kaum jemanden stört?
90 Weil es in Wahrheit nicht nur um Gesundheit und Körper geht, sondern um unser gesamtes Menschenbild. Die Ökonomisierung unserer Weltwahrnehmung ist längst so weit fortgeschritten, dass es den meisten von

uns völlig normal erscheint, den Menschen und sein Leben unter Kosten-, Effizienz- und Optimierungsgesichtspunkten zu betrachten. Alles ist messbar, alles ist verbesserungsfähig. In jedem Lebensbereich wird evaluiert, geratet und gecoacht. [...]

Die zunehmende Körperfixiertheit unserer Gesellschaft irritiert mich schon lange, ja, sie macht mir Angst. Das Denken und Handeln der Menschen dreht sich immer stärker um Gesundheit, Fitness, Schönheit, Ernährung, Jugendlichkeit und so weiter. Politik, Wirtschaft und Medien schlachten diesen Trend aus. Ich finde das schwer erträglich. Ich kann einfach die Vorstellung nicht aushalten, dass Menschen einen Schrittzähler tragen, um ihre Bewegungsdaten täglich an eine Versicherung zu übermitteln, die sie dann mit höheren oder niedrigeren Beiträgen belohnt bzw. bestraft. Ein solcher Mensch kommt mir vor wie eine dressierte Ratte. Eine Gesellschaft, die Gesundheit zum Erfolgsprinzip erklärt und Krankheit als eine Form von Versagen ansieht, erscheint mir auf dem besten Weg, inhuman und unsolidarisch zu werden.

Quelle: Juli Zeh: Fragen zu Corpus Delicti. btb, München 2020, S. 92, 93 f., 133 f.

1 Fassen Sie die Aussagen der Autorin im Interview zusammen.

2 Vergleichen Sie die Antwort der Autorin auf die Ausgangsfrage „Wie wollen wir leben?" mit Moritz Holls Auffassung vom „guten Leben" (s. Kap. *Das Ende vom Fisch*, S. 90 ff.).

3 Nehmen Sie persönlich Stellung zu den im Interview (Juli Zeh) und im Roman (Moritz Hol) vorgetragenen Ansichten zum „guten Leben".

Analyse und Interpretation
Juli Zeh: Corpus Delicti

1 Entstehung, Rezeption und biografische Hinweise

Wohl selten hat ein literarischer Text sich so sehr bestätigt gesehen durch die Zeitläufe. Als 2007 das Theaterstück *Corpus Delicti* von Juli Zeh (geb. 1974) als Auftragswerk für die *Ruhrtriennale* erschien, erkannte man darin sogleich „eine hoch spannende Dystopie unseres kollabierenden demokratischen Wohlfahrtsstaates in einer Science-Fiction-Zeit 2057" (Vasco Boenisch, *Süddeutsche Zeitung* vom 17.9.2007). Überzeugte damals bereits die Dramenidee als Fortschreibung einer Gegenwartsgesellschaft, die mit kollektivem Bewusstsein auf eine „Wohlfühldiktatur" zuläuft, so wurde der in einen Roman umgewandelte Theatertext von 2009 erst recht als Bestätigung dafür angesehen, dass wir uns sehenden Auges dem Gesundheits- und Fitnesswahn unterwerfen und damit einen Staat schaffen, der uns letzten Endes zwar Sicherheit schenkt und uns für gesellschaftskonformes Verhalten belohnt, aber die Freiheit nimmt.

In der Folgezeit wurde der Roman zu einer beliebten und vielgelesenen Lektüre im Deutschunterricht. Selten dürften sich aber Abiturkommissionen so sehr als Seismografen der Gegenwartsläufe empfunden haben wie 2020, als die Covid-19-Pandemie den Roman zum Text der Stunde machte. Die Entscheidung des *Deutschen Theaters* in Göttingen, im ersten Lockdown im Mai 2020 nicht – wie zahlreiche andere Theater es taten – Camus' *Pest*, sondern Juli Zehs Drama als Text zur Pandemie auszuwählen, wurde allseits begrüßt: „Es braucht nicht viel Fantasie, um Juli Zehs Material in Verbindung zu bringen mit dem politischen Streit um die Schutzmaßnahmen in Zeiten der Herrschaft des aktuellen Virus. Und die Autorin […] nimmt in Stück und Roman sehr ernsthaft viele rechtliche Implikationen des fundamentalen Konflikts zwischen persönlicher und kollektiver Verantwortung ins Visier, fächert den gesellschaftlichen Kampf auf zwischen Freiheit und Sicherheit" (Beitrag auf *Deutschlandfunk Kultur* vom 9.5.2020).

Anfang April 2020 beklagte Juli Zeh im Gespräch mit der *Süddeutschen Zeitung*, dass keine „multidisziplinäre und für die Bürger verständliche Diskussion von Alternativen" stattgefunden habe. Vieles von dem, was passiere, erscheine einem „unlogisch, überstürzt, undemokratisch". Statt eine wissenschaftlich fundierte Diskussion zu eröffnen, habe man „einzelne prominente Experten zu Beratern gemacht und zugelassen, dass eine eskalierende Medienberichterstattung die Öffentlichkeit und die Politik vor sich her treibt". Sie ergänzte: „Dagegen würde man gerne aufbegehren" (Interview mit Juli Zeh in der *Süddeutschen Zeitung* vom 5.4.2020). Kurz darauf publizierte sie im *SPIEGEL*, gemeinsam mit dem Grünen-Politiker Boris Palmer, dem Virologen Alexander Kekulé und anderen einen Appell an die Politik, in dem ihre persönliche Handschrift als promovierte Juristin unübersehbar war: „Die Bürger müssen hinnehmen, dass ihre verfassungsrechtlich garantierten Freiheitsrechte enorm beschränkt werden." Und: „Momentan werden die Grundrechte für die gesamte Bevölkerung in manchen Bereichen fast auf null gesetzt. Wenn wir auf jegliche Differenzierung verzichten, damit sich niemand diskriminiert fühlt, fallen die Einschränkungen für alle viel größer aus" (Debattenbeitrag im *SPIEGEL* vom 24.4.2020). Die Einmischung in politische und gesellschaftliche Debatten war und ist nicht ungewöhnlich für Juli Zeh, hatte sie doch bereits im Bundeswahlkampf 2005 die Rot-Grüne Koalition unterstützt, 2008 eine Beschwerde gegen die Einführung des biometrischen Reisepasses eingereicht und fünf Jahre später infolge des NSA-Skandals mit 30 Schriftstellerinnen und Schriftstellern eine Petition an Bundeskanzlerin Angela Merkel initiiert, um Auskunft über den Umfang der Ausspähung zu fordern.

Als Juli Zeh dann im Juli 2020 unter dem Titel *Fragen zu Corpus Delicti* einen Begleitband zu ihrem Roman veröffentlichte, erwartete man folglich einen kritischen Kommentar zur Lage von einer Autorin, die sich nicht nur als brillante Juristin und Schriftstellerin mit Kassandra-Format empfohlen, sondern sich auch als kritische Stimme im Umgang mit der Pandemie erwiesen hatte. Obwohl der Verlag auf seiner Website auf die aktuelle Lage anspielend die Frage stellte „Wann wird der Begriff der ‚Gesundheitsdiktatur' von der Polemik zur Zustandsbeschreibung?", erweist sich Juli Zehs Buch als gänzlich frei von frischen Gegenwartsbezügen. Der einzige Satz, der sich auf die Pandemie beziehen lässt, ist unverdächtig und wirkt eher wie eine Bestätigung der aktuellen Maßnahmen: „Regulierung, die das Privatleben betrifft, muss auf unvermeidliche Fälle wie den Schutz vor akuten Seuchen vorbehalten bleiben" (Juli Zeh: Fragen zu Corpus Delicti. München: btb 2020, S. 135).

In anderer Hinsicht ist das Buch, in dem sie in Form eines fiktiven Interviews auf Fragen ihrer Leserinnen und Lesern Auskunft gibt, jedoch äußerst aufschlussreich. So räumt sie mit erstaunlicher Offenheit ein, der Text sei „vergleichsweise simpel gebaut, die Figuren sind eher Prototypen für bestimmte Denk- und Verhaltensweisen als psychologisch ausgefeilte Charaktere. Alles, was gesprochen wird und was passiert, steht im Dienst einer Intention – meiner Intention. Der Text ist also weniger Selbstzweck als Mittel zum Zweck, was ihn aus meiner Sicht von ‚normaler' Literatur unterscheidet" (ebd., S. 132). Sie benennt Einflüsse und Vorbilder und erläutert präzise ihre Intention. Wer sich über die zahlreichen Anspielungen auf Hexenwesen und Hexenprozesse in dem Zukunftsroman gewundert hatte, erfährt nun, dass das Motto der *Ruhrtriennale* „Mittelalter" lautete. Das Drama sollte demnach als moderner Hexenprozess verstanden werden. Das ist zwar historisch nicht korrekt, da der Höhepunkt der Hexenverfolgungen erst in der Neuzeit zwischen 1580 und 1630 war, erklärt aber den Impuls zu der Geschichte.

2   Inhalt und Aufbau

Juli Zeh lässt die Romanhandlung „in der Mitte des Jahrhunderts" beginnen. Die eingangs beschriebene Idylle lässt an eine vornehmlich von der *Fridays-for-Future*-Bewegung herbeigesehnte Zukunftsvorstellung denken: „Hier stinkt nichts mehr. Hier wird nicht mehr gegraben, gerußt, aufgerissen und verbrannt; hier hat eine zur Ruhe gekommene Menschheit aufgehört, die Natur und damit sich selbst zu bekämpfen" (Juli Zeh: Corpus Delicti. Stuttgart: Ernst Klett Sprachen, S. 11). „Die Gesellschaft ist am Ziel" (ebd., S. 36). Anders als im Kapitalismus braucht es keinen „Markt", anders als in Gottesstaaten braucht es keine „Religion" und anders als in totalitären Systemen wie dem Nationalsozialismus braucht es nicht einmal eine „Volksherrschaft" zur Legitimation des Staates. Ideologien scheinen abgeschafft und der „Überlebenswille" wird zur „großen Übereinkunft". Der Staat hat nur ein Ziel, mit dem alle Individuen übereinstimmen: „ein möglichst langes, störungsfreies" und somit „gesundes und glückliches Leben". Ein solcher Idealstaat kann aber nur glücken, wenn alle damit einverstanden sind. Die Konsequenz daraus folgt einem bekannten dystopischen Muster: Will der Staat das wünschenswerte Ziel zur Norm machen, muss er mit Widerstand rechnen. Also muss er zum totalen Staat werden, der seinen Bürgern Gesundheit und Glück verordnet – auf Kosten der individuellen Freiheit. Und auf der anderen Seite muss er sich als unfehlbar erweisen. Sollte sich aber das System, hier METHODE genannt, als mangelhaft erweisen, würde es seine Legitimität aufs Spiel setzen.

Über dieses Dilemma werden die Leserinnen und Leser des Romans sehr bald informiert: Bereits das zweite Kapitel präsentiert kommentarlos das Ende eines Hochverratsprozesses, in dem die deutsche Staatsbürgerin Mia Holl „wegen methodenfeindlicher Umtriebe" zum „Einfrieren auf unbestimmte Zeit" verurteilt wird (ebd., S. 9 f.). Die ihr zur Last gelegten Verfehlungen wirken merkwürdig widersprüchlich: Die „Vorbereitung eines terroristischen Krieges" wird Mia ebenso vorgeworfen wie der daneben geringfügig wirkende „Umgang mit toxischen Substanzen" und die „Verweigerung" vorgeschriebener gesundheitlicher Untersuchungen. Das Urteil wirkt wie der unsaubere Sieg eines gegenüber starken Einzelpersonen am Ende hilflos wirkenden Staates, der seine letzten Register zieht. Nach und nach erfahren die Leserinnen und Leser die Hintergründe dieses Urteils und sehen sich zuletzt in ihrer Anfangsvermutung bestätigt: Der Staat ist entgegen seinem Selbstverständnis nicht perfekt, sondern unglaubwürdig und allein darin perfekt, worin alle totalitären Staaten perfekt sind: in der Erpressung von falschen Zeugenaussagen, im Fälschen von Beweismitteln und in der Brutalität seiner Methoden. Bereits im achten der sehr knapp gehaltenen Kapitel heißt es aus dem Mund des einflussreichsten Mannes im Staat, des Journalisten Heinrich Kramer: „Das System ist menschlich […]. Natürlich weist es Lücken auf'" (ebd., S. 40). Und nur kurz darauf offenbart er im Gespräch mit Mia Holl: „Wir könnten zeigen, welche Tragödien und Widersprüche selbst hinter einem sauberen System wie der METHODE stecken. Und warum es trotzdem notwendig ist, sich immer wieder zum Weg der Vernunft zu bekennen'" (S. 42). Mia aber lehnt das Angebot ab.

Die Protagonistin des Romans, der unverkennbar auch die Sympathie des Erzählers gilt, hat kurz vor Einsetzen der Erzählgegenwart ihren Bruder Moritz durch Suizid verloren. „Die *causa* Moritz Holl" (S. 41) ist ein Fall, der das ganze Land angeht, da nach der METHODE „die Schuld eines Angeklagten zweifelsfrei" feststeht „und dieser sich trotzdem für unschuldig hält" (S. 42). Durch den Selbstmord ihres Bruders, zu dem sie ihm angesichts seiner ausweglosen Situation das Werkzeug geliefert hat, wirft Mia nachhaltig aus der Bahn. Die 34-jährige „erfolgreiche Biologin mit Idealbiographie" (S. 19), ledig, kinderlos, gilt eigentlich als Anhängerin der METHODE und lebt in einem sogenannten Wächterhaus, das seinen Bewohnern Exklusivität durch Selbstverwaltung gewährt. Nach Moritz' Tod jedoch vernachlässigt sie ihre umfänglichen Meldepflichten („Schlafbericht und Ernährungsbericht wurden im laufenden Monat nicht eingereicht. Plötzlicher Einbruch im sportlichen Leistungsprofil. Häusliche Blutdruckmessung und Urintest nicht durchgeführt", S. 18) und wird daher gerichtlich belangt. Ihr Fall trifft im Rahmen einer „Güteverhandlung" auf die mild gestimmte Richterin Sophie, die die unbescholtene Mia zu einem Klärungsgespräch einlädt.

Bevor es dazu kommt, nimmt bereits der Chefideologe des Methodenstaats, der geschmeidige und zugleich undurchschaubare Heinrich Kramer die Spur Mias auf. Er hat mit einer öffentlichen Kampagne die Verurteilung des Bruders in einem Strafprozess herbeigeführt und wird daher von Mia als „Mörder meines Bruders" angegriffen (S. 30). Während die Haupthandlung chronologisch weitererzählt wird, erhalten die Leserinnen und Leser in Rückblenden nach und nach Einblick in die Causa Moritz Holl, bekommen ein Bild vom Charakter des Bruders aus der Perspektive seiner Schwester und erfahren das nicht unerhebliche Detail, dass Moritz in seiner Kindheit leukämiekrank gewesen sei. Moritz, so wird aus neutraler Perspektive im Kapitel *Genetischer Fingerabdruck* berichtet, habe bei einem Blind Date die Begehrte tot aufgefunden und daraufhin die Polizei gerufen. Da man sein Sperma im Körper der vergewaltigten Toten gefunden hat, wurde er wegen Mordes verhaftet, später aufgrund eines positiven DNA-Tests verurteilt, versicherte aber bis zuletzt seine Unschuld.

Da Mia nicht zum Klärungsgespräch erscheint, wird sie zu einer Anhörung abgeholt, bei der ihr die Richterin Sophie verdeutlicht, dass es im Methodenstaat keine „Privatangelegenheiten" gebe und ihr Hilfsmaßnahmen anbietet. Mia lehnt ab, sie wolle nur in Ruhe gelassen werden. Sie kommt mit einer Verwarnung davon, wird aber bald darauf erneut vor Gericht zitiert, diesmal im Rahmen eines Strafprozesses, da sie verbotene „toxische Substanzen" zu sich genommen habe (sprich: eine Zigarette geraucht) und zu einer Geldstrafe verurteilt.

Die weiteren Eskalationsstufen bis hin zur Verurteilung kennen drei Verursacher: Erstens wird in Mia aufgrund der Erinnerungen das Vorbild Moritz immer wirkmächtiger. Sein willensstarkes Auftreten gegenüber der METHODE, seine konsequente Einforderung eines individuellen und unabhängigen Lebensstils (daher auch die Zigarette) verändern Mia und machen sie zusehends autonomer und furchtloser. Das Geschenk ihres Bruders, eine Fantasie-Geliebte, die als Stellvertreterin von Moritz nach seinem Tod an Mias Seite steht, übt dabei mit den Waffen der Ironie und Logik stetigen sanften Druck aus und drängt Mia schließlich dazu, sich zwischen dem vernünftigen Bekenntnis zum Staat und der Liebe zu ihrem Bruder zu entscheiden: „Was mit Moritz geschehen ist, kann nur richtig sein oder falsch" (S. 82), Mia aber wolle „immer alles harmlos haben" (S. 142).

Als ebenfalls hartnäckig erweist sich zweitens ihr Pflichtverteidiger Lutz Rosentreter, der Mias Verlangen nach Ruhe und Rückzug nicht gelten lässt und sie gegen ihren Willen dazu überredet, die Geldstrafe anzufechten und auf Härtefall zu plädieren. Letzterer wird allerdings abgelehnt, Mia erhält stattdessen, da der Rechtsanwalt das Klima anheizt, zwei Jahre Haft auf Bewährung. Er offenbart Mia, dass der Methodenschutz Moritz beobachten ließ, was bedeute, er sei als Mitglied einer gewalttätigen Widerstandsbewegung eingestuft worden. Dieser unbestätigte Verdacht fällt nun auch auf Mia, da sie rückfällig und an einem mutmaßlichen Treffpunkt von Terroristen erneut beim Rauchen erwischt wird (S. 151 f.). Im anschließenden Prozess erfährt das Verfahren eine überraschende Kehrtwende: Der ehrgeizige Rosentreter, der auch aus privaten Gründen mit der METHODE überkreuz liegt, hat herausgefunden, dass die Leukämieerkrankung von Moritz mittels Stammzellentransplantation geheilt werden konnte und dabei die DNA des Spenders auf ihn übertragen worden sei. Diesen Spender präsentiert der Anwalt als den Mörder der Vergewaltigten. In diesem eigentlich erlösenden Moment, in dem Rosentreter seinen größten Triumph erlebt, erfährt Mia ihre entscheidende Wandlung: Sie entschließt sich, dem Widerstand gegen die METHODE ein Gesicht zu geben und zur „Integrationsfigur" (S. 198) für alle zu werden, die an der METHODE zweifeln. Kurz darauf veröffentlicht sie gegen den Ratschlag Rosentreters ihr politisches Bekenntnis und gerät in Isolationshaft, offiziell wegen „Suizidgefahr" (S. 195). Rosentreter erkennt in der Verhaftung Mias ein „Zeichen von Schwäche" des Systems (ebd.).

Doch ausgerechnet Schwäche kann sich ein totalitärer, nur vermeintlich auf Vernunft gegründeter Staat unter keinen Umständen leisten. An dieser Stelle kommt Kramer zum Zug, die dritte Figur, die eskalierend auf Mia wirkt. Bereits unmittelbar nach der ersten Verhandlung überrascht er Mia mit einem Besuch. Er indoktriniert Mia und erläutert ihr die Vorzüge und die Unfehlbarkeit des Systems. Während Mia seine Ausführungen für „vernünftig" hält, durchschaut ihn die ideale Geliebte als „geschickte[n] Fanatiker" (S. 48), worin sie in der Folgezeit bestätigt wird: Mehr plump und durchschaubar als raffiniert und hintergründig verquickt er in der Öffentlichkeit den Fall Moritz Holl mit einer vermeintlichen Widerstandsgruppe namens R.A.K. (Abk. f. *Recht auf Krankheit*), über die bis zuletzt die Leserinnen und Leser keine Gewissheit erhalten, ob sie als reale Bedrohung für den Staat existiert oder nur der Fantasie Kramers (zu propagandistischen Zwecken) entsprungen ist. Zugleich bringt er Mia in Verbindung mit den vermeintlichen Systemgegnern, je mehr sie sich mit ihrem Bruder identifiziert. Anstatt deeskalierend zu wirken, heizt Kramer die Situation an, indem er private Äußerungen Mias ihm gegenüber missbraucht und ihr politisches Bekenntnis für seine Zwecke zu instrumentalisieren versucht. Doch die Wirkung von Mias Proklamation erweist sich als Bumerang: Überall im Land formiert sich der Widerstand, zählen sich immer mehr zu ihren Anhängern. Kramer und das System stehen mit dem Rücken zur Wand und rufen zur Attacke, allerdings unter Wahl der schmutzigsten Waffen: Mia soll ein vorgefertigtes Schuldbekenntnis unterschreiben, in welchem sie zugibt, wie Moritz Anführerin einer Widerstandsgruppe zu sein (Kap. 43), es wird das Gerücht verbreitet, die Gruppe plane einen Giftanschlag (Kap. 44), ein geschasster Journalist gibt eine erzwungene Falschaussage zu Protokoll und Kramer platziert falsche Beweisstücke in Mias Wohnung. Doch Mia bleibt standhaft, selbst als sie gefoltert wird.

In einer letzten Anstrengung befreit sie sich von dem implantierten Mikrochip – Symbol der Überwachung und Unterdrückung – und fordert ihre Anhänger im letzten Prozess unmittelbar vor der Urteilsverkündigung aus ihrem Käfig heraus auf, das System zu stürzen: „Tötet oder schweigt. Alles andere ist Theater" (S. 258). Als das Urteil verlesen wird (s. zweites Kapitel), sagt sie leise lächelnd zu sich: „Ich habe trotzdem gewonnen" (S. 259).

Doch der Triumph, als Märtyrerin zu enden, wird ihr nicht gegönnt. Während ihrer anlaufenden Einfrierung stürzt der Staatsanwalt als *deus ex machina* aus dem Diktatorenhimmel und verkündet ihre Begnadigung und damit ihr wahres Todesurteil: „Psychologische Betreuung" – „Aufsichtsperson" – „Resozialisierungsanstalt" – „Medizinische Überwachung" – „Methodenlehre".

3 Figurenübersicht

Die Figuren sind antagonistisch angeordnet und beschränken sich auf wenige Vertreter der gegnerischen Parteien. Auf der einen Seite stehen Moritz Holl und seine Schwester Mia, zu denen noch die ideale Geliebte, der Anwalt Rosentreter und Mias Nachbarin Driss zu zählen sind. Auf der anderen Seite steht der Methodenstaat, dessen herausgehobener Repräsentant Heinrich Kramer ist. An seiner Seite finden sich die in ihrer Gefühllosigkeit abgestuft gezeichneten Vertreter der Justiz und der gesamte Machtapparat. Als zeitweilige Übergangsfigur wird der sich vom Paulus zum Saulus wandelnde Journalist Würmer (der wie Richter Hutschneider und Staatsanwalt Bell einen sprechenden Namen besitzt) eingeführt, der aber so unvollständig skizziert bleibt wie die meisten der Romanfiguren.

Kramer ist seinem Beruf nach zwar Journalist, konnte sich aber in einem Staat, der die Gewaltenteilung aufgegeben hat, aufgrund seiner Intelligenz und Zielstrebigkeit zum Chefideologen des Systems aufschwingen, der in den öffentlichen Medien die METHODE brillant vertritt und erklärt. Außerdem lernen ihn die Leserinnen und Leser schon im 1. Kapitel als Verfasser eines Standardwerks kennen, das den Titel „Gesundheit als Prinzip staatlicher Legitimation" trägt und bereits in 25. Auflage erschienen ist. In seiner Eigenschaft als Ideologe scheint er erheblichen Gestaltungsspielraum und eine unbegrenzte Machtfülle zu besitzen, hat er doch freien Zugang zum Gericht und zu Privathäusern und nimmt entscheidenden Einfluss auf die Entwicklung des Prozesses, obwohl er kein Vertreter der Administration oder der Justiz ist. Juli Zeh bezeichnet ihn treffend als „intellektuellen Superhelden". Seine Überzeugung erinnert an Nietzsches Amoralismus, er selbst sieht sich als postideologischen Denker, der die „verstiegenen Ideologien" hinter sich gelassen habe, allein auf den „gesunden Menschenverstand" setze und die historischen Fehler der Vergangenheit vergessen mache. Sein Namensgeber ist der fanatische Dominikanermönch und Hexenverfolger Heinrich Kramer, der als Verfasser des *Hexenhammers* (eine Art Handbuch für die Hexenjagd von 1486) zu berüchtigter Popularität gelangte. Sein Erscheinungsbild gleicht allerdings nicht der Stereotype vom Bösewicht, vielmehr ist er attraktiv und elegant, sein Auftreten wird mit der „trügerische[n] Gelassenheit einer Raubkatze" verglichen (S. 15).

In Mia Holl sieht er ganz offensichtlich die Gegenspielerin, die ihm intellektuell gewachsen ist. Mia nimmt die Herausforderung an und wandelt sich dabei von einer systemkonformen Bürgerin zu einer entschiedenen Gegnerin des Systems. Innerhalb des Romans kann sie aufgrund ihrer inneren Entwicklung als die einzige komplexe Figur angesehen werden. Von der idealen Geliebten wird sie aufgrund ihres Grenzgängertums, das zum Außenseitertum wird, als „Zaunreiterin" und dadurch mit dem ursprünglichen Wort für Hexe, „Hagazussa", bezeichnet. Wie Kramer, ihr Jäger, hat sie eine historische Namensgeberin aus dem Kontext der Hexenjagd: Die Gastwirtin Maria Holl lebte in der zweiten Hälfte des 16. Jahrhunderts in Nördlingen, wurde der Hexerei angeklagt und überstand etliche Folterungen, ehe sie freigelassen wurde. Anders als ihre Vorläuferin wird Mia, nachdem sie die Folter überstanden hat, nicht freigelassen, sondern landet – gewissermaßen als zeitgemäße Antithese – statt auf dem Scheiterhaufen in der Eiskammer. Nur an einer Stelle wird das Hexenklischee bedient, wenn sie allzu offensichtlich mit einem Besen hantiert (S. 41).

Mia Holl und Heinrich Kramer sind – und das macht einen Teil des Reizes der Lektüre aus – eigentlich zwei Seiten einer Medaille. An mehreren Stellen wird angedeutet, dass sie ein Liebespaar sein könnten, besonders signifikant im 27. Kapitel mit dem Titel *Ambivalenz*. Mia fühlt sich von Kramer angezogen, bekennt, „dass sie ihn lieben könnte", so wie er bereits früher offenbart hat, dass er und sie „immunologisch kompatibel" seien (S. 31). Beide haben den gleichen Ausgangspunkt, ihren Nihilismus (S. 127), nur dass Mia darüber eine Zweifelnde und Suchende bleibt, während Kramer sich dafür entscheidet, dass alles dem Prinzip der Nützlichkeit zu dienen habe und damit der METHODE. Kramer hat sich für eine Seite entschieden, weil er die philosophische Einsicht, ohne unumstößliche Wahrheit zu leben, nicht erträgt. Deshalb muss er Mia, die beschlossen hat, eine Existenz in „quälender Haltlosigkeit" auszuhalten (S. 127), als sein potenziell anderes Ich auslöschen und vernichten. Wenn Kramer vor Gericht im letzten Prozess zugibt, „[n]iemand kennt die Angeklagte so gut wie ich" (S. 254) und Mia ihm recht gibt, sind sich die Kontrahenten wieder so nah wie zu Beginn. Und wenn Mia sich dafür entscheidet, dass Kramer als einzige Person bei der Vollstreckung des Urteils anwesend sein soll und Kramer annimmt (S. 258), wird allen deutlich, dass sich in der Feindschaft der beiden invertierte Freundschaft äußert und im Hass eigentlich Liebe.

4 Erzähltechnik und Sprache

Der Roman hat die szenische Dramatik und Unmittelbarkeit des Theaterstücks weitgehend übernommen. In knappen Kapiteln wird die Handlung als Kriminalfall arrangiert. Das Gerichtsdrama treibt die Handlung voran, wobei die direkte Rede die Dynamik der Dialoge aufrechthält. In Rückblenden erhalten die Leserinnen und Leser notwendige Informationen, um den Fall Moritz Holl nachvollziehen zu können. Auf diese Weise wird der Spannungsbogen über das Konstrukt des analytischen Enthüllungsdramas bis zum Schluss gehalten. Dass dabei einige Fragen offenbleiben, scheint absichtsvoll arrangiert.

Gemäß dem Motto „An ihrer Sprache sollt ihr sie erkennen" wird der Sprachgebrauch zum Indiz des Ideenträgers. Während Mias Redeweise suchend und fragend, variabel und lebhaft ist und damit ihre Unentschiedenheit und aufrichtige Suche nach Antworten verkörpert, verwendet Kramer eine formelhafte, kühl kalkulierte Sprache, die den Überzeugungstäter verrät und die ideale Geliebte zu der Aussage reizt: „Der Mann ist eine Maschine!" (S. 37).

Moritz Holl, der zum Zeitpunkt der Erzählgegenwart bereits tot ist, verwendet in den Rückblenden als unangepasster Freigeist, Naturliebhaber und Grenzüberschreiter eine expressive und nonkonformistische Sprache, die er sich verbotenen Dichtern abgeschaut hat (vgl. S. 62 f.): „Das Nicht-Verlassen des Hygienegebiets wird […] als Idiotie ersten Grades mit äußerer Versteinerung und innerer Totalverblödung bestraft"' (S. 90). Oder etwas pathetischer: „Der Mensch muss sein Dasein *erfahren*. Im Schmerz. Im Rausch. Im Scheitern. Im Höhenflug"' (S. 92). Sein Credo verrät den wahren Dialektiker: „Nur wenn ich mich auch für den Tod entscheiden kann, besitzt die Entscheidung zugunsten des Lebens einen Wert!"' (S. 94).

5 Thematische Aspekte und Deutung

Den Titel *Corpus Delicti* hat die Autorin nach eigener Auskunft gewählt, da in ihm das Wort „Körper" vorkomme, denn „es geht ja um Gesundheitswahn, um Biopolitik und um Körperoptimierung". Das Wort „Delicti" verweise auf die „strafrechtliche Seite".

Die Körper werden im Methodenstaat gleichgeschaltet. Der gesunde Volkskörper obsiegt über Fremdkörper wie Moritz und Mia Holl und schaltet sie aus. Vor Gericht beschreibt Mia präzise die Verabsolutierung des Körpers als ideologischen Kern des Systems: „Der Körper ist uns Tempel und Altar, Götze und Opfer. Heilig gesprochen und versklavt. Der Körper ist alles"' (S. 158). In ihrer Proklamation entzieht sie schließlich „einer Zivilisation das Vertrauen, die den Geist an den Körper verraten hat" (S. 186) und verweist damit nicht nur auf die Geistfeindlichkeit des Methodenstaates, sondern ganz offensichtlich auch auf ein wichtiges Anliegen der Autorin.

Die Bürger im Methodenstaat haben der Fetischisierung des Körpers längst zugestimmt. Gesundheitsprotokolle, Ernährungsgewohnheiten, Rauch- und Alkoholverbote belegen, dass der Staat für den Einzelnen die Verantwortung übernommen hat. Der Roman erinnert damit an einen Sachverhalt, der jungen Leserinnen und Lesern bereits in unserer Gegenwart begegnet: Die Suche nach dem berühmten Sinn des Lebens wird vom Körper aus unternommen. Wer sich verpflichtet fühlt, ein strenges Fitnessprogramm einzuhalten, um einen Idealkörper zu formen, wer sich krank hungert, weil er den anzustrebenden BMI nicht aufweisen kann oder wer seine Ernährungswahl zur Doktrin erhebt, begibt sich in Abhängigkeiten und lässt sich nicht selten fremdsteuern. Würde der Staat in solche Optimierungsstrategien einsteigen und z. B. Belohnungssysteme einführen, würde er nicht nur die Solidargemeinschaft aufkündigen, sondern mit der Politisierung des Privaten den Weg vom Gesundheitswahn zur Gesundheitsdiktatur beschreiten. In der Privatwirtschaft werden bereits Bonitätssysteme erprobt, die gerade für junge, gesunde Menschen einen hohen Anreiz haben. So verspricht beispielsweise die AOK allen Trägern ihres Fitnessbandes einen geringeren Krankenkassenbeitrag und die Generali-Versicherung verteilt Gutscheine und Rabatte, wenn die Kunden nachweisen können, dass sie gesund leben. Wer als Kunde solche Vereinbarungen schließt, trägt ohne böse Absicht dazu bei, dass der Ausbau von Überwachungssystemen voranschreitet und der gläserne Mensch Wirklichkeit wird.

Als Teil von Mias Bibliothek wird beiläufig ein Buch mit einer Widmung von Moritz erwähnt, welches das Körperthema in einen philosophischen Zusammenhang stellt: „Agamben – […] Habe ich übrigens nie gelesen"' (S. 128). Im Gegensatz zu – wie man mittlerweile weiß – ihrer Autorin, die sich von Giorgio Agambens Ideen und speziell seinem Werk *homo sacer* (2002) wesentlich inspiriert zeigt. Der homo sacer verkörpert eine Vorstellung des römischen Rechts: Zwar durfte er straflos getötet, aber nicht geopfert werden, was ihn unberührbar machte – woraus sich der Doppelsinn von sacer als „verflucht" und „geheiligt" ableitet. Giorgio Agamben stellt in der Folge von Michel Foucaults Konzept der Biopolitik die These auf, dass die „Verschiebung von einer ausnahmsweise ergriffenen provisorischen Maßnahme zu einer Technik des Regierens" (Giorgio Agamben: Ausnahmezustand (Homo sacer II.I) Frankfurt am Main: Suhrkamp 2004, S. 9) stattgefunden habe und damit das nackte Leben zum eigentlichen Subjekt der Moderne geworden sei. Als Beispiele für den homo sacer führt er in der Geschichte KZ-Häftlinge und in der Gegenwart Flüchtlinge und die Guantánamo-Häftlinge an. Totalitäre Elemente will er vor allem an Maßnahmen der jüngeren Terrorbekämpfung ausgemacht haben. Obwohl Agambens Thesen kontrovers diskutiert worden sind, soll an dieser Stelle sein Bezug zum Roman erhellt werden, da seine Überlegungen von Juli Zeh ausdrücklich als Impuls für ihren Roman genannt werden und als Ansatzpunkt, um ihrem „Unbehagen am ökonomisierten, biologisch determinierten Menschenbild unserer Zeit Ausdruck zu verleihen". Ohne den Holocaust zu verharmlosen, erkennt sie in unserer Gegenwart Tendenzen von Biopolitik, die mit der nazistischen Ideologie ein Menschenbild gemeinsam haben, das „aus körperlich-biologischen Bedingungen Wertaussagen über eine Person" ableitet und dadurch die Gleichheit der Körper und somit der Leben in Frage stellt.

Für die Annahme, dass die Körper in *Corpus Delicti* und speziell Mia Holls Körper als schutz- und rechtlos entblößte homo sacer im Sinne Agambens gedeutet werden können, lassen sich einige Belege finden. So zum Beispiel, wenn Mias körperliche Anwesenheit vor Gericht nicht mehr nötig ist, da ihr nacktes, durchleuchtetes Substitut an die Wand projiziert wird; wenn ihre Vernachlässigung der Gesundheit als Verbrechen am Volkskörper gesehen wird; wenn sie wie ein wildes Tier im Käfig vorgeführt und mit Stangen in die Ecke gedrängt wird oder wenn sie „alle paar Sekunden mit Desinfektionsmittel" eingenebelt wird (S. 250). Assoziationen an Folter-Bilder aus *Abu Ghraib* stellen sich ein, wenn Kramer die bevorstehende Tortur beschreibt: „Kiste, nackt, […] schwarze Kapuze über den Kopf […]"' (S. 235). Als Mia später von Spasmen geschüttelt am Boden ihrer Zelle liegt, versucht sie den Geist über ihren malträtierten Körper zu erheben: „Es ist nur mein Körper"' (S. 237). Als sie sich eingestehen muss, dass auch ihr Gehirn nicht losgelöst vom Körper existiert, zitiert sie Moritz' materialistisches Dilemma: „Materie, die sich selbst anglotzt.

Das können sie haben'" (S. 237; vgl. S. 26). Zumindest in dieser Hinsicht lässt sich der Roman im Sinne von Agambens Theorie interpretieren. Ob weitere biopolitische Aussagen damit impliziert werden, lässt sich anhand der Frage nach der Gattung des Romans klären.

6 Gattungsfragen

Juli Zeh lässt die Romanhandlung „in der Mitte des Jahrhunderts" beginnen (das Theaterstück hatte sich noch auf das Jahr 2057 festgelegt). Vorgestellt wird ein Wohlfahrtsstaat, der sich zur *schönen neuen Welt* entwickelt hat, ohne Umweltverschmutzung, ohne Krankheiten, ohne überflüssige Fette. Vor den Beginn der eigentlichen Erzählung ist ein „Vorwort" gesetzt, welches die Prinzipien des Staates nennt, in dem die Handlung sich entfaltet. Die Definition von Gesundheit, wie sie hier vorgestellt wird, stimmt fast wörtlich mit der Verfassung der Weltgesundheitsorganisation von 1946 überein.

Definition der WHO: „Die Gesundheit ist ein Zustand des vollständigen körperlichen, geistigen und sozialen Wohlergehens und nicht nur das Fehlen von Krankheit oder Gebrechen."

Definition in *Corpus Delicti*: „Gesundheit ist ein Zustand des vollkommenen körperlichen, geistigen und sozialen Wohlbefindens – und nicht die bloße Abwesenheit von Krankheit" (S. 7).

Man kann in dieser Übereinstimmung im Nachhinein Zynismus erkennen, man kann sich aber auch – insbesondere, wenn man sich noch einmal die paradiesische Landschaftsbeschreibung am Beginn des Romans in Erinnerung ruft – vergegenwärtigen, dass Politik häufig vor dem Dilemma steht, das richtige Maß für Eingriffe in das Privatleben finden zu müssen, um einerseits seinen Bürgern mehr Sicherheit und Wohlbefinden zu ermöglichen, ohne andererseits ihre Freiheiten unverhältnismäßig einzuschränken. Man denke z. B. nur an das Rauchverbot in der Öffentlichkeit oder an die weiter zurückliegende Einführung der Gurtpflicht. Auch autoritäre Systeme starten nicht selten mit einem menschenfreundlichen Impetus, bevor sie zu jeden Lebensbereich kontrollierenden Diktaturen ausarten. Dieses Phänomen spiegelt sich sowohl in der Geschichte als auch in literarischen Werken wider, die Gesellschaftsmodelle der Zukunft entwerfen. Aldous Huxleys Roman *Schöne Neue Welt* (1932), den Juli Zeh namentlich als Bezugspunkt ihrer Erzählung nennt, stellt einen Staat vor, in dem die Bürger „Stabilität, Frieden und Freiheit" erleben und ihre Konsumbedürfnisse unmittelbar erfüllt sehen. In beiden Romanen haben sich die Menschen freiwillig dem System angepasst, da sie darin das bessere Leben erkannt haben – und sei es um den Preis ihrer Freiheit und individuellen Entfaltung. Wie Huxleys Roman lässt sich auch Juli Zehs Erzählung von einem perfekten Zusammenleben in der Zukunft als *Dystopie* definieren, da sich in beiden Geschichten Wohlfühlsysteme letzten Endes zu barbarischen Diktaturen entwickelt haben.

Beide Erzählungen erfüllen noch einen weiteren typischen Topos dystopischer Erzählungen: die Kontrolle über Fortpflanzung und Partnerschaft. Die gesellschaftlichen Normen fordern von den Bürgern in beiden Welten zahlreiche sexuelle Kontakte mit kontinuierlich wechselnden Partnern, die ausschließlich dem Vergnügen dienen sollen. Dafür sorgt in *Corpus Delicti* die „Zentrale Partnerschaftsvermittlung" (S. 19), die anhand von Blutgruppen die Kompatibilität der Kandidaten überprüft. Moritz Holl, der reichlich Gebrauch von ihren Möglichkeiten macht, nennt sie die „größte Puffmutter der Welt" (S. 61). Dessen ungeachtet sind Liebe und Ehe mit dem zulässigen Partner möglich, während Huxleys Weltregierung noch weiter geht und Produktion wie Reproduktion der Menschen aus Gründen der Stabilität in die Hände der Weltregierung gelegt hat. Wenn in Juli Zehs Zukunftsstaat allerdings „immunologische Gründe" gegen eine Beziehung sprechen, kann dies von den Partnern als schmerzhafte Kränkung erfahren werden, wie am Beispiel Rosentreters vorgeführt wird, der daraus seine persönlichen Motive schöpft, um die METHODE zu entlarven.

Die *Dystopien* oder *Negativutopien* des 21. Jahrhunderts, so viel lässt Juli Zehs Roman vermuten, werden in Zukunft noch wesentlich zahlreicher erscheinen. Das liegt nicht nur daran, dass das Spannungsverhältnis zwischen dem Freiheitsdrang des Einzelnen und dem utopischen Gesellschaftsideal des Staates zunehmen wird, sondern vor allem an einem verstärkten Fortschrittsskeptizismus angesichts gigantisch wachsender Möglichkeiten an Überwachung, Kontrolle und Datenspeicherung und einer rasanten Entwicklung von Technik und Wissenschaft. Insofern lässt sich Juli Zehs Roman als stilbildender Auftakt für ein – zumindest aus literarischer Sicht – dystopisches Jahrhundert lesen.

Kommentare und Lösungen
Juli Zeh: Corpus Delicti

Modul I: Zugänge

INTENTION	Das Modul will die Schülerinnen und Schüler thematisch auf den Roman einstimmen und sie über Diskussionen und das Markieren eigener Standpunkte mit zentralen Aspekten des Romans vertraut machen.
ZEITBEDARF	1 Unterrichtsstunde (KV 1) 1 Unterrichtsstunde (KV 2) 1 Unterrichtsstunde (KV 3) 1 Doppelstunde (KV 4)
MATERIAL	KV 1: Wie viele Daten sind uns unsere Gesundheit wert? – Argumente abwägen KV 2: Homo Digitalis. Ewige Jugend – Eine Diskussion führen KV 3: Die Autorin und ihre Zeit kennenlernen KV 4: Die Entstehung des Romans nachvollziehen
DIDAKTISCHE HINWEISE	Bevor Sie in die Analyse des Romans einsteigen, sollten Sie zunächst erkunden, welche Kenntnisse bereits bei den Schülerinnen und Schülern über den Zusammenhang zwischen Datenweitergabe und Gesundheitssystem vorhanden sind. Das ist insbesondere deshalb interessant, da Juli Zeh ihren Roman selbst nicht als Dystopie in unbestimmter Zukunft verstanden wissen will, sondern als „verdichtete Gegenwartsbeschreibung", da sie davon ausgeht, lediglich Tendenzen zu beschreiben, die heute schon vorhanden sind. Tatsächlich zeigen die ausgewählten Materialien, dass es bereits vielfältige Belohnungssysteme im Bereich der Versicherungen gibt, die gesetzlich erlaubt sind. Die Bundesrepublik selbst betreibt von staatlicher Seite keine solchen Systeme, lässt diese aber im privatwirtschaftlichen Sektor zu. Die Kopiervorlagen 1 bis 4 dienen der gemeinsamen Hinführung und wollen die Diskussionsbereitschaft im Kurs angesichts eines kontroversen und sehr aktuellen Themas befördern. Lassen Sie hier jede Meinung zu und öffnen Sie den Raum für verschiedene Vorstellungen und Thesen. Der Roman selbst sollte zu diesem Zeitpunkt noch nicht gelesen sein. Vielmehr dienen die Kopiervorlagen dazu, die Lektüre zu motivieren.
ZIELVORSTELLUNGEN/ KOMPETENZ-BESCHREIBUNGEN KV 1	Die Schülerinnen und Schüler erwerben und verfügen über folgende Erkenntnisse und Kompetenzen. Sie – erschließen und bewerten lineare und nicht-lineare Texte – nutzen gezielt vorhandene Informationsquellen – tauschen Informationen und Meinungen aus und profilieren eigene Positionen

| Kopiervorlagen | Analyse und Interpretation | Kommentare und Lösungen |

Durchführung/ Unterrichtsschritte KV 1	1. Bevor Sie mit den Materialien beginnen, bietet sich immer ein erhellendes Gespräch über gegenwärtige bzw. gerade zurückliegende Phänomene an. Insbesondere die Covid-19-Pandemie samt ihren politischen Implikationen sowie die Impfstrategie der Regierung könnten hier einen sinnvollen Einstieg bieten. 2. Lassen Sie die Materialien zunächst arbeitsteilig auswerten und dann den Kurs die Ergebnisse in einer Diskussion, vorzugsweise als Kugellager, austauschen. 3. Falls Sie mit Tablets im Unterricht arbeiten, lassen Sie die Schülerinnen und Schüler die angegebenen Websites selbstständig recherchieren bzw. nach weiteren Belohnungssystemen suchen. – Über die App „Plickers" könnten Sie den Kenntnisstand des Kurses abfragen und zugleich zu Diskussionen anregen.
Zielvorstellungen/ Kompetenzbeschreibungen KV 2	Die Schülerinnen und Schüler erwerben und verfügen über folgende Erkenntnisse und Kompetenzen. Sie – ordnen mediale Informationen systematisch und flexibel – setzen sich argumentativ mit einem Thema auseinander – interpretieren eine literarische Quelle und erkennen überepochale Zusammenhänge
Durchführung/ Unterrichtsschritte KV 2	1. Vor der Betrachtung des Videos können Sie zum Thema „Ewige Jugend" ein Cluster als assoziatives Begriffsnetz erstellen lassen, um Vorkenntnisse der Schülerinnen und Schüler zu aktivieren. 2. Als Themenwort in der Mindmap sollte „Ewige Jugend" gesetzt werden. Die Schülerinnen und Schüler sollten bei der Visualisierung darauf achten, dass sie Haupt- und Nebenäste unterscheiden. Einzelne Mindmaps können präsentiert und erläutert werden. 3. Lassen Sie die Diskussion als geregelte Debatte durchführen. – Falls Sie mit Tablets im Unterricht arbeiten, nutzen Sie dazu z. B. die App „Oncoo". 4. Geben Sie die Aufgabe 3 als vertiefende Hausaufgabe auf oder räumen Sie im Unterricht eine festgelegte Schreibzeit ein. Die Ergebnisse können in PA vorgestellt und evaluiert werden. 5. Die Reihe *Homo Digitalis* (Übersicht unter: https://www.br.de/br-fernsehen/sendungen/homo-digitalis/index.html) umfasst sieben Filme, die die Auswirkungen der Digitalisierung auf unterschiedliche Aspekte des Lebens („Freundschaft", „Denken", „Sexualität", „Gesundheit", „Freizeit", „Arbeit", „Evolution") in die Zukunft projizieren. Wenn die Zeit ausreicht, könnten die Filme auf einzelne Gruppen verteilt, zuhause geschaut und dann in Kurzreferaten im Unterricht vorgestellt werden. 6. Falls das Video (online bis 20.03.2023) nicht mehr verfügbar sein sollte, suchen Sie ähnliche Beispiele mithilfe der Stichworte „Ewige Jugend", „Ewiges Leben", „Ewige Gesundheit", „Umkehrung des Alterungsprozesses" bzw. „Unsterblichkeit".
Zielvorstellungen/ Kompetenzbeschreibungen KV 3	Die Schülerinnen und Schüler erwerben und verfügen über folgende Erkenntnisse und Kompetenzen. Sie – ordnen mediale Informationen assoziativ und nicht hierarchisch – erwerben biografische Kenntnisse über eine Autorin – formulieren Erwartungen an die Lektüre
Durchführung/ Unterrichtsschritte KV 3	1. Ziel ist eine knappe Hinführung, die bereits zentrale Themen des Romans anspricht. An dieser Stelle könnten (zusätzlich oder alternativ – für den Fall, dass das Interview nicht mehr verfügbar sein sollte) weitere Rechercheaufträge zu Person und Werk vergeben werden. Die Betrachtung des Videointerviews kann zuhause vorbereitet werden. Die Schülerinnen und Schüler machen sich assoziativ Notizen dazu und ergänzen diese evtl. aufgrund eigener Recherchen. Im Unterricht sollten Eindrücke zur Autorin und ihren Ansichten gesammelt und ausgetauscht werden. Dabei könnten auch ihre Ausstrahlung, ihre Sprechweise, ihre Ausbildung und die Themen ihrer Werke einbezogen werden. 2. Die Erwartungen an den Roman sollten in Form einer Redekette mitgeteilt werden. – Falls Sie mit Tablets im Unterricht arbeiten, bietet es sich an ein Umfrageformat wie „Mentimeter" zu verwenden, um erste Erwartungen von allen Teilnehmerinnen und Teilnehmern in Erfahrung zu bringen.

ZIELVORSTELLUNGEN/ KOMPETENZ- BESCHREIBUNGEN KV 4	Die Schülerinnen und Schüler erwerben und verfügen über folgende Erkenntnisse und Kompetenzen. Sie – erschließen einen Sachtext und einen Dramenauszug nach gezielten Aufgabenstellungen – ordnen Themen des Romans ohne logische Hierarchisierung – ziehen Schlussfolgerungen aus Materialien – vergleichen ein Romankapitel mit einem Dramenausschnitt
DURCHFÜHRUNG/ UNTERRICHTSSCHRITTE KV 4	1. Der einfach verständliche, aber nicht uninteressante Text soll über den Entstehungsprozess des Romans informieren. Er vermittelt einen ersten Eindruck sowohl von den Themen, die im Roman behandelt werden, als auch von dessen literarischer Gestalt. 2. Die Themen des Romans können zunächst gesammelt und dann auf Kleingruppen verteilt werden. In jeder Kleingruppe sollte frei assoziativ zu jedem angesprochenen Thema ein Cluster erstellt werden. Diese Cluster sollten anschließend von den Mitgliedern der Kleingruppen präsentiert werden – am besten bei einem Galeriegang. – Falls Sie mit Tablets im Unterricht arbeiten, nutzen Sie z. B. die App „SimpleMind". 3. Aufgrund der Themen und der bislang erarbeiteten Kopiervorlagen lässt sich bereits an dieser Stelle ermessen, warum der Roman einen solch nachhaltigen Erfolg hat. Lassen Sie Gründe für den Erfolg per Redekette aufwerfen. 4. Der Dramentext soll einen Eindruck davon vermitteln, wie die Dramenvorlage aussieht und wie Juli Zeh bei der Umarbeitung vorgegangen ist. Dafür wurde eine Szene aus dem 4. Kapitel gewählt, die die Unterschiede deutlich macht und nicht zu viel von der Handlung verrät. Die Aufgabe sollte in PA bearbeitet werden. Es bietet sich an, beide Texte (Drama wie Prosa) laut mit verteilten Rollen vorlesen zu lassen, um zunächst über die unmittelbare Wirkung zu sprechen.

Lösungen

Kopiervorlage 1 → S. 8 f.

1 und 2 „Wearables" (dt. wörtlich etwa „Etwas Tragbares", elektronische Geräte, die in Kleidungsstücke integriert sind oder direkt am Körper getragen werden) können heute schon Körperfunktionen wie Puls oder Herzfrequenz messen und im Zusammenspiel mit Apps wie der Apple-App „Health" oder der Fitness-App der AOK ein umfangreiches Gesundheitsprofil des Trägers erstellen. – Die Generali-Versicherung hat ein Modell entwickelt, über das Kundinnen und Kunden Gutscheine und Rabatte erhalten, wenn sie gesund leben. Im Gegenzug müssen sie über eine App regelmäßig Daten zum Lebensstil übermitteln. Mit ähnlichen Rabattsystemen arbeiten einige Autoversicherungen, die Daten über die Fahrprofile ihrer Kundinnen und Kunden sammeln und umsichtiges, defensives Fahren über niedrigere Beiträge honorieren.

In der Diskussion sollte v. a. zutage treten, dass zwar einerseits im Privatbereich mit solchen Möglichkeiten die eigene Gesundheit kontrolliert und verbessert werden kann, dass aber in einem flächendeckenden privatwirtschaftlichen Ansatz mit diesen Belohnungssystemen der Solidaritätsgedanke von Versicherungen untergraben wird. Die Algorithmen und ihre Auswertung können zudem nicht von den Kundinnen und Kunden kontrolliert werden; sie geben damit ein Stück ihrer informationellen Selbstbestimmung auf.

Zur **Vertiefung:** Janker, Karin: „Wir werden manipulierbar und unfrei". Interview mit Juli Zeh über das Generali-Versicherungsmodell. In: Süddeutsche Zeitung, 26. 11. 2014.

Kopiervorlage 2 → S. 10

1 Das Video ist bis 20.03.2023 unter folgendem Link verfügbar: https://www.br.de/mediathek/video/die-zukunft-der-gesundheit-4-7-homo-digitalis-ewige-jugend-av:5a65fef1ee06e300178789ba

Neben dem Themenwort „Ewige Jugend" sollten als Hauptäste der Mindmap die Begriffe „Selbstvermessung", „DNA-Hacking" und „Organe aus dem Drucker" gewählt werden.

2 Debatten-Argumente der PRO-Gruppe: Höhere Lebensqualität und weniger Krankheiten im Alter, verlängerte Lebenszeit usw. – Argumente der KONTRA-Gruppe: Beförderung einer langweiligen Uniformität der Menschen, Jungsein als Maß aller Dinge, höhere Gesundheitskosten, immense Herausforderungen für die bestehenden Rentenkonzepte, Überbevölkerung usw.

Die Abbildung könnte Anlass zu einer Diskussion geben, wie eine „Versicherung" oder „Garantie" für ewiges Leben aussehen und zu bzw. um welchen Preis sie angeboten werden könnte. Außerdem könnte erörtert werden, ob eine solche Versicherung überhaut erstrebenswert sein sollte.

3 Jedes Leben ist nach Goethe Teil eines natürlichen Prozesses, ein Zufallsprodukt, das nicht beherrscht werden kann. Die Methoden der Biotechnologie bilden eine moderne Möglichkeit, aus der Natur „herauszutreten". Vermutlich wären sie aus seiner Warte als Eingriff in die „Natur" zu werten (theologisch: in die „Schöpfung"), denn nach der Auffassung Goethes ist der Tod als natürlicher „Kunstgriff" und damit als sinnvolles Instrument zu sehen, um mehr Leben zu ermöglichen.

Kopiervorlage 3 → S. 11

1 Das Videointerview ist unter folgendem Link verfügbar: https://www.zeit.de/video/2010-11/672198124001/videointerview-fragen-an-juli-zeh
Es vermittelt einen lebendigen ersten Eindruck von Juli Zeh. Sie erscheint als kluge, ernsthafte Autorin, als Intellektuelle, die die Fragen gewissenhaft beantwortet. Außerdem gibt sie erste Hinweise auf ihren Roman.

2 Die Schülerinnen und Schüler sollten hierbei die Bildelemente genau beschreiben.

Kopiervorlage 4 → S. 12 f.

1 und 2 Themen und Fragen, die die Autorin bei der Abfassung des Theaterstücks beschäftigt haben: Gesundheitswahn, Biopolitik, Körperoptimierung, Spannungsverhältnis zwischen Freiheit und Sicherheit, Überwachungsstaat, Gefährdung der demokratischen Grundrechte durch den Antiterrorkampf, Ambivalenz des modernen Lebens, Unterschied zwischen einer Freiheitskämpferin und einer Terroristin und schließlich die Frage, ob der Mensch eher über seinen Körper oder über seine inneren Werte zu definieren ist.

3 Gründe für das anhaltende Interesse am Roman: u.a. Selbstoptimierungsstrategien, Fitnesskontrolle über Apps, gesundes Leben als Norm (s. Pränataldiagnostik), Datenschutz, Überwachungsstrategien, autoritäre Strukturen in vielen Staaten, Freiheitsrechte vs. Sicherheitsdenken, Interesse am Genre des Gerichtsdramas (s. F. v. Schirach), einschneidende, verheerende Erfahrungen mit Euthanasie und Diktatur in der deutschen Geschichte.

4 **Gemeinsamkeiten und Unterschiede zwischen Dramenausschnitt und Romankapitel:** „Die Pollsche" (eigentlich Frau Poll) hieß ursprünglich „die Lebertsche" (weibliches Suffix, v.a. im Niederdeutschen); alle drei Frauen sprechen deutlich dialektal gefärbt im Theatertext („dat weiß ich selbst", „die ham Arzt gespielt") und verwenden Redewendungen, v.a. niederdeutscher Provenienz („warst du noch Quark im Schaufenster"). Im Roman hat Juli Zeh diesen spürbar regionalen Einschlag zurückgedrängt gegenüber einem umgangssprachlichen Sprechen, das für jedermann verständlich ist: aus „und hat die Nase in ner Pfeffertüte und niest wie n Weltmeister" wird: „und steckt das Näschen in die Pfeffertüte. Niest wie eine Weltmeisterin" (S. 21). Im Drama werden die drei Frauenfiguren zusammengefasst zum „Chor der Nachbarinnen". Personenbeschreibungen wie die der Driss (S. 20) sind im Drama nicht möglich.

Wirkung des Dramentextes: Der Dialog wirkt direkter und natürlicher. Ungewöhnlich ist allerdings der längere Prosaeinschub im Theatertext, der weit über den üblichen Umfang einer Regieanweisung hinausgeht. Daran wird womöglich sichtbar, was der Intendant einen „unaufführbaren Text" nannte: eine Hybridfassung aus Dramen- und Prosatext. Der Prosateil wurde für die Übernahme in den Roman weniger umgestaltet als der Dialog. Andererseits ist dem Roman seine Entstehung aus einem Theaterstück deutlich anzumerken, was sich an vielen Stellen zeigt und in anderen Kopiervorlagen noch thematisiert wird.

Modul II: Inhalt, Handlungskonflikt, Struktur

INTENTION	Das Modul unterstützt zunächst die gemeinsame Erstlektüre und sichert nach der selbstständigen Gesamtlektüre das inhaltliche Verständnis im Unterricht.
ZEITBEDARF	1 Unterrichtsstunde (KV 5) 1 Unterrichtsstunde für die Besprechung (KV 6) 1 Doppelstunde (KV 7) 1 Unterrichtsstunde für die Besprechung (KV 8) 1 Doppelstunde (KV 9) 1 Doppelstunde (KV 10) 1 Unterrichtsstunde (KV 11)
MATERIAL	Kopiervorlage 5: Den Romananfang verstehen Kopiervorlage 6: Leseeindrücke während der Lektüre festhalten Kopiervorlage 7: Die Entfaltung des Handlungskonflikts erfassen Kopiervorlage 8: Den chronologischen Aufbau erkennen Kopiervorlage 9: Schauplätze der Handlung untersuchen Kopiervorlage 10: Das System der METHODE analysieren Kopiervorlage 11: Den Fall Moritz Holl verstehen und hinterfragen
DIDAKTISCHE HINWEISE	Zunächst werden die ersten beiden Kapitel gemeinsam im Unterricht analysiert, da sie Erwartungen an eine lineare Erzählung nicht erfüllen und ihre Funktion mit den Schülerinnen und Schülern zunächst im gemeinsamen Gespräch geklärt werden sollte. Erst danach sollte die häusliche selbstständige Lektüre erfolgen, die angesichts des Romanumfangs nicht länger als 14 Tage dauern sollte. Über die Kopiervorlage 6 soll zum aktiven Lesen angeregt werden. In den Kopiervorlagen 7–11 wird der Inhalt des Romans in seinen zentralen Facetten erschlossen: Handlung, Zeit, Ort. – Während die häusliche Lektüre noch andauert, können Sie bereits mit Kopiervorlage 7 und Kopiervorlage 8 im Unterricht arbeiten.
ZIELVORSTELLUNGEN/ KOMPETENZ- BESCHREIBUNGEN KV 5	Die Schülerinnen und Schüler erwerben und verfügen über folgende Erkenntnisse und Kompetenzen. Sie – erschließen Textinhalte und erkennen ihre Funktion – nehmen Stellung zu einer komplexen Theorie
DURCHFÜHRUNG/ UNTERRICHTSSCHRITTE KV 5	1. Lassen Sie die beiden ersten Kapitel des Romans als Einstieg in die Lektüre im Unterricht erschließen. Die Aufgaben 1 bis 3 sollten zunächst in EA erarbeitet und anschließend in PA oder GA besprochen werden. 2. Aufgabe 4 kann im Plenum gemeinsam erörtert werden. 3. Denken Sie von Beginn an auch an die Ergebnissicherung, damit abiturrelevante Inhalte nicht verlorengehen. – Falls Sie mit Tablets im Unterricht arbeiten, nutzen Sie z. B. die App „GoodNotes" für die digitale Mappenführung.
ZIELVORSTELLUNGEN/ KOMPETENZ- BESCHREIBUNGEN KV 6	Die Schülerinnen und Schüler erwerben und verfügen über folgende Erkenntnisse und Kompetenzen. Sie – lesen und befragen kritisch einen Erzähltext – bilden sich ein erstes Urteil über die Lektüre
DURCHFÜHRUNG/ UNTERRICHTSSCHRITTE KV 6	1. Die Ergebnisse sollten im Unterricht vorgestellt und die Fragen geklärt werden. 2. Notieren Sie sich Interessen und Wünsche der Schülerinnen und Schüler. 3. Falls Sie mit Tablets im Unterricht arbeiten, nutzen Sie z. B. das Tool „Mentimeter".

ZIELVORSTELLUNGEN/ KOMPETENZBESCHREIBUNGEN KV 7	Die Schülerinnen und Schüler erwerben und verfügen über folgende Erkenntnisse und Kompetenzen. Sie – erfassen Inhalt, Aufbau und Struktur eines Erzähltextes – charakterisieren in einem ersten Zugriff die Hauptfiguren – benennen den Hauptkonflikt
DURCHFÜHRUNG/ UNTERRICHTSSCHRITTE KV 7	1. Die Kopiervorlage kann parallel zu der häuslichen Lektürephase bearbeitet werden. 2. Die Schülerinnen und Schüler sollen zuhause oder im Unterricht die Kapitel 3 bis 9 (35 Seiten) kursorisch lesen und die wichtigsten Informationen in vorliegender Tabelle festhalten. 3. Die Besprechung der Ergebnisse sollte im Unterricht erfolgen, z. B. in Kleingruppen. 4. Es ist an dieser Stelle noch nicht wichtig, die einzelnen Punkte vertiefend zu analysieren. Es genügt ein erster Überblick.
ZIELVORSTELLUNGEN/ KOMPETENZBESCHREIBUNGEN KV 8	Die Schülerinnen und Schüler erwerben und verfügen über folgende Erkenntnisse und Kompetenzen. Sie – erfassen Inhalt, Aufbau und Struktur eines Erzähltextes – lernen verschiedene Zeitebenen zu unterscheiden – deuten die Funktion von Kapitelüberschriften
DURCHFÜHRUNG/ UNTERRICHTSSCHRITTE KV 8	1. Mit dem Ausfüllen der Tabelle kann parallel zur Lektürephase begonnen werden. Verteilen Sie die einzelnen Kapitel gleichmäßig auf die Kursteilnehmerinnen und -teilnehmer. 2. Die Aufgaben 2 und 3 sollten nach dem vollständigen Ausfüllen der Tabelle besprochen werden. 3. Falls Sie mit Tablets im Unterricht arbeiten, nutzen Sie die Kollaborationsmöglichkeiten von „Etherpad" oder „Google Docs" oder lassen Sie eine Zeitleiste auf einem „Padlet" erstellen.
ZIELVORSTELLUNGEN/ KOMPETENZBESCHREIBUNGEN KV 9	Die Schülerinnen und Schüler erwerben und verfügen über folgende Erkenntnisse und Kompetenzen. Sie – deuten Handlungsorte in ihrer symbolischen Funktion – können die Raumgestaltung im Roman fachgerecht benennen
DURCHFÜHRUNG/ UNTERRICHTSSCHRITTE KV 9	1. Lassen Sie die Schülerinnen und Schüler spontan Orte aufzählen, die ihnen in Erinnerung sind. 2. Die Schülerinnen und Schüler sollen möglichst zuerst in EA die Genauigkeit ihrer Lektüre überprüfen und anschließend ihre Ergebnisse in GA vergleichen. 3. Aufgabe 1 könnte auch als HA gestellt werden.
ZIELVORSTELLUNGEN/ KOMPETENZBESCHREIBUNGEN KV 10	Die Schülerinnen und Schüler erwerben und verfügen über folgende Erkenntnisse und Kompetenzen. Sie – stellen eine Beziehung her zwischen Abbildungen und dem Erzähltext – werten Texte hinsichtlich bestimmter Fragestellungen aus
DURCHFÜHRUNG/ UNTERRICHTSSCHRITTE KV 10	1. Der Bildvergleich ist als Einstieg gedacht, um die Schülerinnen und Schüler für das Thema zu sensibilisieren. 2. Stellen Sie Leistungsgruppen zusammen und verteilen Sie die Aufgaben nach dem Grad der Schwierigkeit und dem Umfang der Lektüre. Die ersten beiden thematischen Stichworte (Ideologie und Rechtssystem) sind eher für leistungsstarke Schülerinnen und Schüler geeignet. 3. Lassen Sie ausreichend Zeit für den Lese- und Erstellungsprozess, da an dieser Stelle die Romanlektüre intensiver, weil analytischer sein wird als beim ersten Durchlesen. Die Ergebnisse können als Lernplakate festgehalten werden, damit man immer wieder darauf zurückgreifen kann. – Falls Sie mit Tablets im Unterricht arbeiten, nutzen Sie die Kollaborationsmöglichkeiten von „Etherpad" oder „Google Docs" oder nutzen Sie die Regalfunktion der App „Padlet". 4. Die Diskussion kann als Pro-Kontra-Debatte in sieben Phasen geführt werden.

| Kopiervorlagen | Analyse und Interpretation | **Kommentare und Lösungen** |

Zielvorstellungen/ Kompetenzbeschreibungen KV 11	Die Schülerinnen und Schüler erwerben und verfügen über folgende Erkenntnisse und Kompetenzen. Sie – erschließen Texte unter bestimmten Fragestellungen – begründen selbstständig einen Standpunkt
Durchführung/ Unterrichtsschritte KV 11	1. Aufgabe 1 kann als HA gegeben werden oder im Unterricht in EA erarbeitet werden. 2. Die Lebensauffassung von Moritz Holl kann in GA erschlossen werden. Es können dabei auch Zitate über das Angebot hinaus miteinbezogen werden. – Falls Sie mit Tablets im Unterricht arbeiten, nutzen Sie die Kollaborationsmöglichkeiten von „Etherpad" oder „Google Docs". 3. Die Begründung (Aufgabe 3) kann auch in Form eines Schreibauftrags erarbeitet werden, um das Schreiben zusammenhängender Texte zu üben.

Lösungen

Kopiervorlage 5 → S. 14

1 Für Kramer stellt Gesundheit nicht nur das persönliche Lebensziel jedes Bürgers dar, sondern auch das Ziel allen staatlichen Handelns. Mithilfe von Metaphern, die aus dem Bereich biologisch-natürlicher Prozesse auf die menschliche Lebensweise übertragen werden („Lebensfluss", „biologisches Energiepotential"), beschreibt er einen Zustand geistiger und körperlicher Harmonie. Dieser Ansatz, der aus verschiedenen esoterischen Heiltherapien bekannt ist, dient ihm aber nicht dazu, den Menschen in einen Zustand der Zufriedenheit zu versetzen, vielmehr versieht er ihn mit einem normativen Appell, der Willensstärke und konstante Steigerung verlangt: Wer nicht nach Gesundheit strebe, sei krank. Der nicht gesund lebende Mensch steht somit außerhalb der staatlichen Gesetzmäßigkeit (vgl. auch den Titel des Werkes).

2 Die Schülerinnen und Schüler sollten bei ihrer Argumentation den Standpunkt Kramers möglichst genau als Bezugspunkt nehmen.

3 Das zweite Kapitel nimmt das Urteil gegen Mia Holl vorweg, entspricht also wie das erste keinem linearen Erzählvorgang. Auf den ersten Blick erscheint der Text wie ein gewöhnliches Gerichtsurteil mit den üblichen Teilnehmern an einem Prozess. Auf den zweiten Blick erkennt man jedoch ungewöhnliche Formulierungen und Begriffe wie „Im Namen der METHODE", „methodenfeindliche Umtriebe" und „Einfrieren". Auch die Vergehen sind so markant, dass sie in Verbindung mit dem ersten Kapitel zu einer ersten Vorstellung von der staatlichen Verfasstheit führen. Es ist im Sinne des Romans, wenn hier bereits das Wort von der „Gesundheitsdiktatur" fällt.

4 Das vorweggenommene Urteil gegen Mia Holl mag von den Schülerinnen und Schülern mit Bedauern als „Spoiler" verstanden werden, tatsächlich aber lenkt es den Blick während der Lektüre auf die Handlungsentfaltung und die theoretischen Implikationen. Die beiden Eingangskapitel haben dokumentarischen Charakter (dort die bibliographischen Angaben und hier die juristischen Fachtermini) und tragen somit vor Beginn der fiktionalen Handlung dazu bei, das Folgende als realistische, wirklichkeits- und wahrheitsgetreue Schilderung zu verstehen (vgl. die häufig Filmen vorausgeschickte Formulierung „nach einer wahren Begebenheit").

Kopiervorlage 6 → S. 15

1 und 2 vgl. die Hinweise in der Spalte „Durchführung / Unterrichtsschritte" zu KV 6

Kopiervorlage 7 → S. 16

1 und 2 **Hauptpersonen – Protagonist(en) und Antagonist(en):** Mia Holl und ihr verstorbener Bruder Moritz Holl stehen Kramer und dem Methodenstaat gegenüber; im Bereich der Justiz steht der Anwalt Lutz Rosentreter dem restlichen Justizapparat gegenüber.

Erste Charakterisierung der Hauptpersonen: 1. Mia Holl: 34-jährige Biologin mit „Idealbiographie" (S. 19); ledig, kinderlos; wohnt in einem „Wächterhaus"; aufrichtige und vernünftig handelnde Person; leidet emotional unter dem Verlust des Bruders, bemüht sich den Suizid zu verstehen: „Ich muss das

| Kopiervorlagen | Analyse und Interpretation | Kommentare und Lösungen |

aufschreiben. Ich muss *ihn* aufschreiben" (S. 27); vernachlässigt darüber ihre Pflichtangaben; ist keine Gegnerin des Methodenstaats. – **2. Moritz Holl:** mit 27 Jahren nach einem DNA-Abgleich Anklage wegen Vergewaltigung und Mord, beteuert seine Unschuld, begeht im Gefängnis mithilfe von Mia Suizid; „ein zugleich sanfter und hartnäckiger Mann", wird als „‚Träumer'", „‚Freidenker'" „‚Spinner'" betitelt (S. 33). – **3. Die ideale Geliebte:** Bindeglied zwischen dem verstorbenen Bruder und der Schwester; Fantasieprodukt, das Moritz vor seinem Suizid im Gefängnis an Mia „übergibt"; Gewissen und kritischer Widerpart Mias. – **4. Heinrich Kramer:** Seine Rolle lässt sich zu Beginn nicht eindeutig verorten; er hat als Autor offenbar überall ungehindert Zutritt, hört aufmerksam zu und fragt die Leute aus; überzeugter Anhänger der METHODE und ihr Ideologe (s. Vorwort); attraktive und gefährliche Erscheinung zugleich.

Lassen Sie zusätzlich die **Namen Heinrich Kramer und Mia Holl** recherchieren; ihre historischen Vorbilder sind der Dominikanermönch Heinrich Kramer (um 1430–1505), Autor des berüchtigten *Hexenhammers* (1486) und Maria Holl (1549–1634), die als Hexe angeklagt, gefoltert und freigesprochen wurde.

Der zentrale Konflikt: Das Urteil gegen Mia Holl, dessen genaue Hintergründe offensichtlich mit der Anklage gegen ihren Bruder im Zusammenhang stehen: Wie kam es zustande? Welchen Anteil hat Kramer daran? Welche Rolle spielt der Methodenstaat dabei und dessen Justiz?

Weitere Konflikte: Wieso beteuert Moritz trotz des unfehlbaren DNA-Tests seine Unschuld? Gelingt es Mia, aus ihrer Existenzkrise herauszukommen?

Gesellschaftliche Zustände: Der Methodenstaat sieht sich als postideologischer Staat (S. 36), der allein der Vernunft gehorcht; sein oberstes Ziel, Gesundheit für alle, wird von der Justiz streng überwacht; der Staat kontrolliert das öffentliche und private Leben seiner (gläsernen) Bürgerinnen und Bürger; die Menschen haben die Pflicht gesund zu leben (sie trinken z. B. heißes Wasser) und erhalten Belohnungen für regelkonformes Verhalten (s. Wächterhaus).

Aufbau des Romans und Erzählweise: Auktorialer Erzähler; nicht-linearer Aufbau trotz chronologischer Erzählung: zwei isolierte Kapitel zu Beginn, wovon das eine chronologisch ans Ende gehört und Rückblenden (S. 33 ff., S. 44 ff.).

Kopiervorlage 8 → S. 17

1 Vgl. die Lösung online unter **Code u2pj27**.

2 Wie schon bemerkt, lassen sich zwei Zeitebenen unterscheiden: eine Erzählgegenwart und eine Erzählvergangenheit, die in Rückblenden erzählt wird. Es gibt wenig Anhaltspunkte zur Chronologie der Ereignisse: Der Suizid lässt sich auf den Mai datieren (Kap. 30), Moritz' Haftbeginn auf ein halbes Jahr früher (Kap. 9), Kramers Unterstellungen gegenüber Moritz lassen sich auf den 14. Juli datieren, insofern dürfte Mias Prozess sich über den Zeitraum Ende Juli/Anfang August hinziehen. Abgesehen vom Vorwort (Kap. 1) wird das Geschehen um Mia Holl in chronologischer Reihenfolge in folgenden Kapiteln wiedergegeben: 3–6, 8, 10–14, 16–21, 23–27, 29–31, 33–49, 2, 50. Dazwischen gibt der Erzähler wesentliche Informationen über Moritz (Kap. 7), oder Mia erinnert sich an Begegnungen mit ihrem Bruder (in chronologischer Reihenfolge der Ereignisse): Kap. 15, 22, 28, 32, 9. Während die Verurteilung Mias bereits zu Beginn bekannt ist, erzeugt der Fall Moritz Holl das Spannungsmoment. Beide Justizverfahren stehen stets im Mittelpunkt und gehen zeitlich direkt ineinander über.

3 Die Überschriften greifen meist Wendungen aus dem jeweiligen Kapitel auf, verraten selten etwas über den Inhalt und steigern dadurch die Erwartungshaltung beim Leser. Dass der Roman aus 50 Kapiteln besteht, obwohl die Szenen oftmals direkt aneinander anschließen, lässt sich nur aus der früheren Dramenform erklären.

Kopiervorlage 9 → S. 18 f.

1 Abgesehen von dem Außenraum in der Natur spielen sämtliche Szenen in immer wiederkehrenden Innenräumen. Neben Mias Wohnung im Wächterhaus und der Lichtung am Fluss, die Moritz und Mia für ihre Treffen nutzen, gibt es nur Räume, die der Justiz zuzuordnen sind: Verhandlungssäle, die im Prozessverlauf immer mehr an Ausdehnung gewinnen und das Gefängnis.

Zitat 1, Kap. 3, S. 11 f.: Der Beginn des 3. Kapitels wirkt wie eine filmische Kamerafahrt von der Panorama-Ansicht in die Totale und später die Nahaufnahme im Gericht; die Eingriffe in die Landschaft sind unverkennbar, wirken aber im Gegensatz zur Industrielandschaft ruhig und harmonisch: Natur und Stadt existieren getrennt, aber im Einklang, die Umgebung ist emissionsfrei und gesund, und die Stromgewinnung erfolgt mittels Solarpanelen. Auffallend sind die Hinweise auf Stilllegung und Erstarrung: Die „Gesellschaft ist am Ziel" (S. 36).

Zitat 2, Kap. 3, S. 12: Der erste Verhandlungsraum strahlt Ordnung, Routine und Perfektion aus; das Wort „Güteverhandlungen" verweist anders als das 2. Kap. auf Nachsicht und Menschlichkeit und lässt erneut Idylle und Harmonie assoziieren (= Milieuraum).

Zitat 3, Kap. 17, S. 68: Die verbotene Zigarette wirkt eskapistisch und ermöglicht das Betreten von Fantasieräumen; Mia selbst wirkt in dieser Szene wie aus dem Raum herausgetreten und spricht im Folgenden davon, dass Moritz ihr seit dem Tod näher sei als zuvor; symbolisch nimmt sie seinen Platz ein (= Fluchtraum).

Zitat 4, Kap. 34, S. 153: Der Hauptverhandlungssaal wirkt größer und unübersichtlicher; die Macht des Staates wirkt bedrohlicher als im ersten Saal: Dieser Raum wird zum entscheidenden Wendepunkt im Verfahren – am Ende erfolgt die Verständigung nur noch über Schreien und bricht ab in Lärm und Chaos (= Symbolraum).

Zitat 5, Kap. 49, S. 250: Mit der Machtausdehnung der staatlichen Gewalt geht die Weite des Raums einher, der unendlich groß wirkt; Mias Bewegungsradius ist auf einen Käfig zusammengeschrumpft, was einerseits ihre Staatsferne und ihr Ausgeliefertsein symbolisiert, andererseits aber in ihr unerwartete Kräfte freilegt und zum Raum der freien Meinungsäußerung wird (= Symbolräume).

Zitat 6, Kap. 4, S. 22: Das Wächterhaus erscheint als exklusiver Privatraum mit dem Recht auf Selbstverwaltung; die Auszeichnung verweist auf opportunistisches Verhalten und stellt Mia zunächst als systemnah dar; dennoch bleibt unübersehbar, dass gerade hier das sog. Private besonders öffentlich ist, da man den Sonderstatus auch verlieren kann (= Milieuraum).

Zitat 7, Kap. 15, S. 60: Verbotener Treffpunkt von Mia und Moritz, der außerhalb des Sperrgebiets liegt und damit für Freiheit und Gemeinsamkeit steht; Moritz gibt dem Raum eine religiöse Bedeutung (= Symbolraum).

Zitat 8, Kap. 50, S. 260: Analog zum ersten Verhandlungsraum garantiert der letzte Raum trotz der Umstände Sauberkeit, Bequemlichkeit und Frieden. Er symbolisiert die seelische Verfassung Mias, die sich mit ihrer Verurteilung einverstanden erklärt (= Stimmungsraum).

Kopiervorlage 10 → S. 20 f.

1 Die Aufgabe hat hinführenden Charakter, um sich den Merkmalen des Gesundheitssystems im Roman anzunähern. Stichworte, die Schülerinnen und Schüler über die Bilder mit dem Roman assoziieren könnten: Kontrolle, (digitale) Überwachung, (Selbst)Disziplin, Leistungsbereitschaft, Selbstoptimierung, Technisierung …

2 **Ideologie, Überzeugungen:** „Wir haben eine METHODE entwickelt, die darauf abzielt, jedem Einzelnen ein möglichst langes, störungsfreies, das heißt, gesundes und glückliches Leben zu garantieren", behauptet Kramer (S. 36). Die Erhaltung und Steigerung der Gesundheit stellt im Methoden-Staat den höchsten Wert dar (S. 7 f.). Gesundheit gilt laut Kramer als „Synonym für Normalität" (S. 181), während Krankheit als „historisches Phänomen" angesehen wird, an das die meisten Menschen keine Erinnerung mehr haben (S. 85, 180). Seine Legitimation bezieht der Staat nicht aus Wahlen, sondern aus der Gewissheit, mit der körperlichen Unversehrtheit und allgemeinen Gesundheit ein oberstes Ziel zu vertreten, das alle wollen oder wollen müssten: „Wir gehorchen allein der Vernunft" (S. 36). Da die METHODE sich auf neueste wissenschaftliche Erkenntnisse stützt, beansprucht sie besser als jede(r) Einzelne zu wissen, welche Ernährung oder Lebensweise für sie/ihn gut ist. Individuelle Freiheits- oder Glücksvorstellungen müssen dem Wohl des Volkskörpers gegenüber zurücktreten. Die Menschen haben sich anzupassen. Der Staat sieht sich daher als unfehlbar an, doch dieses Konstrukt der Unfehlbarkeit macht ihn anfällig. – Dank zentral gelenkter Medien, die sprechende Namen tragen (Talkshow „WAS ALLE DENKEN", S. 83 ff.; Zeitung „DER GESUNDE MENSCHENVERSTAND", S. 138 ff.), wird die geforderte Einstellung durchgesetzt. Richtschnur allen Handelns sind die Vernunft und der gesunde Menschenverstand (S. 75, 199 f.).

Rechtssystem, Staatsorgane, Institutionen: Um allgemeine Gesundheit durchzusetzen, hat der Staat Sperrgebiete eingerichtet und überwacht die Lebensweise seiner Bürgerinnen und Bürger, deren Daten zentral gespeichert werden (nur so kann ein Stammzellenspender für den leukämiekranken Moritz gefunden werden). Das Wort METHODE scheint daher v. a. ein Euphemismus für einen autoritär regierten Überwachungsstaat zu sein. – Die Gerichte scheinen nur Vertreter des öffentlichen Rechts zu sein. Ein echte Gewaltenteilung besteht nicht. Rosentreters Rückzug vor Gericht (S. 253) belegt, dass er sich selbst schützen muss, um nicht als Methodenfeind zu gelten. Kramer wird zwar als Zeuge aufgerufen, kann aber zugleich verhindern, dass der letzte Prozess gegen Mia aufgehoben wird (S. 257). Kramers Einfluss in und außerhalb des Gerichts widerspricht jeder Form von Gewaltenteilung. Dabei ist ihm jedes Mittel recht, um an sein Ziel zu gelangen. Die Rechtsverfahren wahren den Schein des Objektiven, entbehren aber letzten Endes jeder Überprüfbarkeit. Angeklagte werden vor Gericht in Käfigen vorgeführt und müssen im Gefängnis eine Anstaltskleidung aus Papier tragen. Die Gerichte werden durch den Methodenschutz unterstützt (u. a. S. 199 ff.), eine Art Geheimpolizei, die auch zu Verhandlungen hinzugezogen wird (S. 154). Die Methodenschützer verfügen über eine Spezialausbildung zum unbemerkten Türöffnen und dürfen ohne Vorlage eines Gerichtsbeschlusses verdächtige Bürgerinnen und Bürger in ihrer Wohnung umstandslos festnehmen (S. 192 f.).

Gesundheitsvorsorge, Sozialhygiene, Liebe: Die postindustriellen Städte gelten als emissions- und keimfrei. Die Menschen dürfen das antiseptische Stadtgebiet nicht verlassen und tragen in der Öffentlichkeit einen Mundschutz. Ein in den Oberarm implantierter Chip misst die Körperwerte, und mittels überall installierter Sensoren werden diese an die zuständigen Behörden weitergegeben (S. 90). Damit der Volkskörper gesund bleibt, muss jeder seiner Meldepflicht bezüglich Schlafs, Ernährung, Blutdrucks und Urins (S. 18) nachkommen. In den Toiletten sind Sensoren angebracht, um die Konzentration der Magensäure zu messen (S. 35). Außerdem obliegen jedem Bürger „Sportpflichten" (S. 90). Nach Moritz' Tod hat sich auf Mias Hometrainer ein „Rückstand von 600 Kilometern

| Kopiervorlagen | Analyse und Interpretation | **Kommentare und Lösungen** |

angesammelt" (S. 79), vor Gericht muss sie versichern, den „Sportrückstand" (S. 100) aufzuholen. Zuwiderhandlungen gegen die Meldepflicht werden geahndet. In Bagatellfällen bietet der Staat Hilfe an (S. 19 ff.). – Liebe ist nur mehr „ein Synonym für die Verträglichkeit bestimmter Immunsysteme" (S. 117). Unzulässige Liebesbeziehungen (s. Rosentreter) gelten als „Kapitalverbrechen" (S. 113). Küsse sind kein Austausch von Zärtlichkeiten, sondern eine „Verseuchung der Mundflora" (S. 65). – Wie fragil die Aufrechterhaltung der allgemeinen Gesundheit ist, kann daran ermessen werden, wie panisch Kramer auf die ansteigende Vernachlässigung der Pflichten im Verlauf des Prozesses reagiert (S. 233).

Lebens- und Genussmittel: Nachlässigkeiten in der Gesundheitsfürsorge werden ebenso geahndet wie der Konsum von Kaffee, Alkohol und Zigaretten (S. 14). Nahrung wird auf den Nährwert reduziert (s. Mias Einkaufsverhalten, S. 80). Die Mahlzeit steckt in Tuben (S. 81, 206). Als bekömmlich gilt „heißes Wasser", der öfter erwähnte „Spritzer Zitrone" (S. 37, 206) gilt wohl als letzte Geschmacksfinesse.

3 **Argumente pro Diktatur:** Fehlen von Gewaltenteilung und Pluralismus, Gleichschaltung der Medien (trotz Kramers Wort vom „Auge der vierten Gewalt", S. 16), fehlende Freiheitsrechte und Privatsphäre, zahlreiche Verbote, Überwachung, Durchsetzung einer Ideologie.

Argumente kontra Diktatur: Aussetzen von Umweltverschmutzung und Naturausbeutung, die Klimakatastrophe scheint abgewendet; garantierte Gesundheit für alle, Wohlstand und Wohlergehen, öffentliche Gerichte, staatliche Fürsorglichkeit, breite Zustimmung in der Bevölkerung.

Sie könnten den Begriff der „Wohlfühldiktatur" in die Diskussion einbringen (ein Begriff, der auf den Historiker Götz Aly unter Bezug auf die NS-Diktatur zurückgeht) und auch diskutieren lassen, ob nicht einige Debatten in unserer Gegenwart bereits als Vorzeichen für den Wunsch nach einer autoritären Staatsführung gesehen werden können: Flug- und SUV-Debatte, Durchsetzung von Rauch- und Alkoholverbot, Bestrafung von Gesundheitssündern über Krankenkassen, Forderung nach einem Veggieday oder nach Ampelsystemen auf Nahrungsmitteln usw. Das steigende Gesundheitsbewusstsein und der zunehmende Körper- und Fitnesskult scheinen einer solchen Entwicklung Vorschub zu geben.

Kopiervorlage 11 → S. 22 f.

1 Moritz wird verhaftet, als sich herausstellt, dass im Körper der tot aufgefundenen Sibylle, mit der er sich zu einem Blind Date verabredet hatte, sein Sperma gefunden wurde. Ein DNA-Test hat den Beweis geliefert. Ungewöhnlich an dem Fall ist, dass Moritz selbst die Polizei zu Hilfe gerufen hat, die Zeugenaussage noch am Tatort zu Protokoll gegeben hat und konsequent abstreitet, das Opfer vergewaltigt oder getötet zu haben. Mit seiner unbeugsamen Haltung hat er Sympathien auf sich gezogen, einen Presseskandal verursacht und die grausame Gegenwehr von Kramer herausgefordert.

Rosentreter deckt erst im Zuge der Anklage gegen Mia Holl die wahren Hintergründe auf: Walter Hannemann ist „[d]er mutmaßliche Mörder von Sibylle Meiler und der Knochenmarkspender von Moritz Holl" (S. 167). Kurz nach dieser Enthüllung bringt sich Hannemann, „etwa fünfzig Jahre alt, glatt rasiert und mit tief eingegrabenen Falten" (S. 167), angeblich um. Der Suizid-Version Kramers (S. 209) steht die Auffassung von Mia gegenüber, die Kramer nicht nur für den Mörder von Moritz, sondern auch für den seines „Lebensretter[s]" Hannemann hält (S. 208). – Ob Kramers Andeutung, das Zusammentreffen von Sibylle und Moritz sei kein Zufall gewesen (S. 211), lediglich als Provokation zu bewerten ist oder den Tatsachen entspricht, kann im Kurs diskutiert werden.

2 Moritz ist ein unabhängiger Freigeist, der die Regeln des Methodenstaats ablehnt (S. 90 f.) und seine individuellen Bedürfnisse trotz der Verbote auslebt. Symbolisch für seine Freiheitsliebe stehen die Schnecken, die ihr Haus immer mit sich tragen und die er schon von früh auf zu sammeln beginnt (S. 123) und die „Kathedrale" in der freien Natur, wo er sich regelmäßig mit seiner Schwester trifft, um ihr seine Lebenseinstellung anschaulich zu machen. Mit seiner Schwester trägt er zwar manchen Grundsatzstreit aus, liebt sie aber über alles („sein Lieblingstier", S. 124). Nach Moritz' Meinung habe die Naturwissenschaft Mia für die „Liebe" verdorben (S. 26 f.), die er in Form von unverbindlichen Blind Dates, die er über die Zentrale Partnerschaftsvermittlung kontaktiert, ungezwungen genießt (S. 92). Dennoch geht seine Lebensführung über den bloßen Lustgewinn und die körperliche Liebe hinaus. Zu seinem Credo gehört die „vollständige[] Machtfülle über die eigene Existenz" (S. 92), die sich aus Erfahrung speist. Er lehnt das Sicherheitsbedürfnis des Methodenstaats ab und erkennt gerade auch im Recht auf Krankheit, Schmerz, Rausch und den selbstgewählten Tod die Freiheit des Menschen.

3 Moritz lebt selbst- und nicht fremdbestimmt. Persönliche Erfahrungen stellt er über den Zwang zur Gesundheit. Autonomie bedeutet für ihn nicht nur Regelverstoß, sondern auch die Freiheit, sich selbst zu schaden. Die Anziehungskraft seiner unabhängigen Persönlichkeit und seines eigenen Lebenskonzepts stellt für den Methodenstaat eine reale Gefahr dar. Sein Standardspruch „Ihr opfert mich auf dem Altar eurer Verblendung" (S. 34, 139) wird zur Parole. Auch in dieser Sentenz kommt der Vorwurf der Mittelalterlichkeit der METHODE zum Vorschein.

Modul III: Figurencharakterisierung

Intention	Das Modul bezweckt, dass die Schülerinnen und Schüler analysieren, wie die einzelnen Figuren des Romans charakterisiert werden und welche Funktion sie innerhalb des Romangeschehens jeweils einnehmen.
Zeitbedarf	1 Unterrichtsstunde (KV 12) 1 Unterrichtsstunde (KV 13) 1 Doppelstunde (KV 14) 1 Doppelstunde (KV 15) 1 Doppelstunde (KV 16)
Material	KV 12: Figurenkonstellationen mit Standbildern darstellen KV 13: Mia Holl – Die Protagonistin charakterisieren KV 14: Mia Holl – Widerstandsformen differenzieren KV 15: Heinrich Kramer – Den Antagonisten charakterisieren KV 16: Die Juristen und das Rechtssystem einordnen können
Didaktische Hinweise	Die folgenden Kopiervorlagen dienen der Analyse der Figurenkonstellation und der Hauptfiguren. Nebenfiguren wie die Nachbarinnen oder die Richterin Sophie und der Richter Hutschneider werden nicht eigens charakterisiert, da dies zum Verständnis des Romans nicht zwingend notwendig erscheint. Ebenso wird die Fantasiefigur der idealen Geliebten, die v. a. als Mias Alter Ego fungiert, nicht eigens als Person analysiert, da ihre Funktion im Roman weniger einleuchtend erscheint als im Drama. Mit Mia Holl und Heinrich Kramer werden die Protagonistin und der Antagonist ins Zentrum der Analyse gestellt, zusätzlich wird Mia Holls Widerstand analysiert, da dieser als der stärkste Anziehungspunkt für junge Leserinnen und Leser eingeschätzt wird. In Kopiervorlage 16 wird v. a. Rosentreter explizit hervorgehoben.
Zielvorstellungen/ Kompetenzbeschreibungen KV 12	Die Schülerinnen und Schüler erwerben und verfügen über folgende Erkenntnisse und Kompetenzen. Sie – analysieren Figurenkonstellationen und präsentieren ihre Ergebnisse in Standbildern
Durchführung/ Unterrichtsschritte KV 12	Die Standbildgruppen ergeben sich aus der Größe des Kurses. Zu jeder Gruppe sollte nach Möglichkeit auch eine „Erbauerin" gehören, die Gestik, Mimik usw. auf ihre Stimmigkeit überprüft und die Reihenfolge der Sätze bestimmt. Es hat sich bewährt, dass das Standbild für die Betrachter zuerst angehalten wird und dann die Figuren kurzzeitig für die Mitteilung der Sätze heraustreten und während der Mitteilung der anderen Sätze wieder in ihre Haltung zurückgehen. – Falls Sie mit Tablets im Unterricht arbeiten, nutzen Sie die Foto-App. Alternativ könnten in diesem Fall die Sätze während der Foto-Präsentation gesprochen werden.
Zielvorstellungen/ Kompetenzbeschreibungen KV 13	Die Schülerinnen und Schüler erwerben und verfügen über folgende Erkenntnisse und Kompetenzen. Sie – ordnen ihre Lektüreeindrücke zu einer Romanfigur Fotografien aus Theaterinszenierungen zu – reflektieren und diskutieren ihre Ergebnisse
Durchführung/ Unterrichtsschritte KV 13	1. Um eine größere Auswahl an Bildmaterial als Grundlage zu haben, können Sie die Schülerinnen und Schüler zunächst auch nach Theateraufführungen und Verfilmungen von *Corpus Delicti* recherchieren lassen. 2. Die Kopiervorlage will die Schülerinnen und Schüler an die ambivalente Darstellung der Mia Holl heranführen (vgl. Kopiervorlage 15) und ihre bildhaften Vorstellungen von Mia evozieren. Bei der Zuordnung zu bestimmten Szenen wird keine Übereinstimmung angestrebt, vielmehr sollen verschiedene Stationen ihrer Entwicklung wieder ins Gedächtnis gerufen werden. 3. Falls Sie mit Tablets im Unterricht arbeiten, nutzen Sie die Kollaborationsmöglichkeiten der App „Keynote".

ZIELVORSTELLUNGEN/ KOMPETENZBESCHREIBUNGEN KV 14	Die Schülerinnen und Schüler erwerben und verfügen über folgende Erkenntnisse und Kompetenzen. Sie – erläutern die Argumentation einer Romanfigur – schreiben aus der Perspektive einer Romanfigur – erfassen Wendepunkte innerhalb des Romans – fassen die Ansichten einer Figur in eigenen Worten zusammen
DURCHFÜHRUNG/ UNTERRICHTSSCHRITTE KV 14	1. Die Erläuterung der Argumentation von Kramer sollte zunächst schriftlich in eigenen Worten erfolgen. Das Antwortschreiben von Mia wird in Form eines Schreibauftrags erteilt, um das Schreiben zusammenhängender Texte zu üben. Geben Sie eine begrenzte Zeitspanne vor (z. B. zehn Minuten) und lassen Sie danach die Ergebnisse in PA vorstellen und besprechen. 2. Die Aufgaben 2 bis 4 bauen aufeinander auf: Sie sollten im Unterricht in PA über die gemeinsame Lektüre vorbereitet und anschließend besprochen werden. 3. Die Aufgaben 5 bis 6 sollten, da möglicherweise Hintergrundinformationen fehlen, als HA aufgegeben werden. – Falls Sie mit Tablets im Unterricht arbeiten, nutzen Sie die Regalfunktion der App „Padlet".
ZIELVORSTELLUNGEN/ KOMPETENZBESCHREIBUNGEN KV 15	Die Schülerinnen und Schüler erwerben und verfügen über folgende Erkenntnisse und Kompetenzen. Sie – beschreiben eine Romanfigur anhand von Textstellen (direkte Charakterisierung) – analysieren die Haltung einer Figur – verfassen eine Erörterung zu einer Aussage einer Romanfigur – schreiben einen Monolog aus der Perspektive einer Romanfigur
DURCHFÜHRUNG/ UNTERRICHTSSCHRITTE KV 15	1. Zunächst soll Kramers Erscheinungsbild erfasst werden, um seine Anziehungskraft auf andere Menschen hervorzuheben. Die Aufgabe 1 kann als HA vorbereitet werden. Kramer wird nicht als Einzelfigur gedeutet, sondern in seinem Wechselverhältnis zu Mia Holl. Dabei soll die ambivalente Haltung von Mia gegenüber Kramer zentral analysiert und hinterfragt werden. 2. Aufgabe 4 wird in Form eines Schreibauftrags erteilt, um das Schreiben zusammenhängender Texte zu üben. Dabei sollen sich die Schülerinnen und Schüler in die Sichtweise einer Romanfigur versetzen. – Falls Sie mit Tablets im Unterricht arbeiten, nutzen Sie die „Sprachaufzeichnung", um die Schülerinnen und Schüler ihre Texte zuhause aufnehmen zu lassen. Lassen sie vorher Ihre Schülerinnen und Schüler die Texte sinnvoll bearbeiten, um den Vortrag zu verbessern und geben Sie dabei Kriterien vor wie Betonung, Tempo, Pausensetzung, Stimmvolumen, Stimmhöhe etc.
ZIELVORSTELLUNGEN/ KOMPETENZBESCHREIBUNGEN KV 16	Die Schülerinnen und Schüler erwerben und verfügen über folgende Erkenntnisse und Kompetenzen. Sie – fassen Auszüge eines Erzähltextes unter einer komplexen Fragestellung zusammen – differenzieren Romanfiguren hinsichtlich ihres Charakters und ihrer Funktion – charakterisieren Absichten, Motive und Einstellungen einer Romanfigur
DURCHFÜHRUNG/ UNTERRICHTSSCHRITTE KV 16	1. Die Texte zu Aufgabe 1 erfordern erneut genaue Lektüre und differenzierte Wahrnehmung bezüglich der Figuren und des Systems. Einiges davon dürfte in vorherigen Kopiervorlagen bereits angesprochen worden sein. Wenn Sie den Eindruck haben, Ihr Kurs hat das Rechtssystem bereits vertiefend analysiert, können Sie diese Aufgabe auch überspringen oder im Sinne des differenzierten DU für einzelne Schülerinnen und Schüler stellen. 2. Die Aufgaben 2 und 3 dienen der Analyse des Verteidigers. Rosentreter wird als Jurist in seinem Verhalten, aber vor allem in seiner sich zum Ende hin wandelnden Einstellung gegenüber Mia charakterisiert.

| Kopiervorlagen | Analyse und Interpretation | Kommentare und Lösungen |

Lösungen

Kopiervorlage 12 → S. 24

1 Hier nur einige wichtige Hinweise zu den Nebenfiguren: Lizzie und die Pollsche unterscheiden sich kaum, sind systemtreu und lassen sich als Zeuginnen gegen Mia gewinnen (S. 20 ff., 169, 224, 255 f.). – Driss dagegen schwärmt für Mia (S. 23). Ihre Naivität ist dabei unübersehbar und lässt sie fast zur Karikatur werden: So imaginiert sie eine filmreife Liebesszene zwischen Kramer und Mia (S. 65) und spricht ihre Bewunderung für Mia in einem paradoxen Satz aus: „Die Mia ist ein guter Terrorist!" (S. 256). – Hutschneider übernimmt nur ungern den Vorsitz für Sophie (die er für klug hält, S. 216) und fühlt sich Mia „nicht gewachsen" (S. 215), zweifelt ihre Gefährlichkeit an und erträgt es nicht, ihr in die Augen zu sehen (S. 216). – Sophie wird von Moritz für „eine Gute" gehalten (S. 53), was sich insofern bewahrheitet, als sie in den ersten beiden Verhandlungen Verständnis für Mias Situation zeigt. Später fühlt sie sich hintergangen und muss den Vorsitz wegen Befangenheit niederlegen. – Für Staatsanwalt Bell hat Sophie nur Geringschätzung übrig, da sie ihn für selbstgefällig hält (S. 68).

Kopiervorlage 13 → S. 25

1 und 2 Für eine vergrößerte Darstellung im Unterricht stehen die Theaterbilder unter dem **Code u2pj27** auch online zur Verfügung. Geben Sie den Code in das Suchfenster unter www.klett.de ein. Die Schülerinnen und Schüler sollen ihre Zuordnungen möglichst genau begründen und damit ihr Lektüreverständnis reflektieren und zur Diskussion stellen. Angestrebt wird ein von den Theaterbildern angeregter assoziativer Austausch über die Figur Mia Holl.

Kopiervorlage 14 → S. 26 f.

1 Kramer diffamiert die Aufklärung als rückständig und reaktionär. Das bürgerliche Aufbegehren gegen den Adel ordnet er nicht als fortschrittlich ein, sondern als egoistischen Kampf um „Macht und Ansehen". Letzten Endes gehe es nur um Eigenliebe. Sei der „Widerständler" an der Macht, würde er seine Ideen opportunistisch preisgeben. – Mias **Antwortschreiben** kann sich am Kapitel *Die zweite Kategorie* orientieren: Kramer halte an der METHODE fest wie andere am Christentum oder an der Demokratie, in der Überzeugung, es gebe nur eine Wahrheit; die METHODE habe sich aber als fehlbar erwiesen, deshalb müsse man sich eingestehen, dass sie ein Irrweg sei; man dürfe nicht allein auf die Vernunft setzen, sondern „müsse mit dem Herzen denken" und sich damit eingestehen, dass man einen Fehler gemacht habe; das Festhalten am falschen System sei auch nichts anderes als falsch verstandenes Partisanentum und letztlich Eigenliebe, auch Mia selbst habe geglaubt, dass Gott, die Nation oder Menschenrechte „Unsinn" seien (S. 94), sei überzeugt gewesen, dass „Widerstand" nichts als „Narzissmus" sei (S. 81), habe aber gelernt, ihre Einstellung zu korrigieren.

2 Mias Wandlung lässt sich schrittweise nachvollziehen:
– Moritz' Verurteilung stürzt sie in eine Krise, in der sich Vernunft und Gefühl bzw. Loyalität und Widerspruch streiten: „Entweder ich verfluche ein System, zu dessen METHODE es keine vernünftige Alternative gibt. Oder ich verrate die Liebe zu meinem Bruder, an dessen Unschuld ich ebenso fest glaube wie an meine Existenz" (S. 39).
– Der Suizid ihres Bruders belastet sie psychisch und physisch, obwohl sie ihn durch die Weitergabe der Angelschnur ermöglicht hat (S. 46).
– Zunächst vernachlässigt sie ihre Meldepflichten (S. 52).
– Vor Gericht verlangt sie, in Ruhe gelassen zu werden, da ihr Schmerz eine „Privatangelegenheit" sei (S. 54).
– Als sie wieder gute Vorsätze für ein geregeltes Leben fasst (S. 79 f.), wird sie von der idealen Geliebten vor die Entscheidung gestellt: „Was mit Moritz geschehen ist, kann nur richtig sein *oder* falsch" (S. 82), Mia aber wolle „immer alles harmlos haben" (S. 142), wolle im *Dazwischen* leben (vgl. das Kapitel *Die Zaunreiterin*).
– Zunächst bestärkt sie eine Erinnerung an ein Gespräch mit Moritz in ihrer *Hagazussa*-Rolle: „Man muss flackern. Subjektiv, objektiv. […] Anpassung, Widerstand […]" (S. 149).
– Erst Rosentreters Aufdeckung (S. 164 ff.) gibt ihr den letzten Impuls, eine Entscheidung zu treffen: Sie wird zur Gegnerin der METHODE.

3 Mia wendet sich gegen die Vernachlässigung der freien, selbstbestimmten geistigen Tätigkeit und damit der individuellen Erkenntnis; die Gleichsetzung von Gesundheit und Normalität bezeichnet sie als Teufelskreis; für sie sei die Philosophie noch nicht an ihr Ende gekommen, moralische Kategorien müssten immer wieder neu diskutiert werden; statt auf Überwachung und Fremdbestimmung zu vertrauen, glaube sie an Selbstbestimmung und den freien Willen; ein Leben ohne Risiko schließe sie aus, das wahre und freie Leben sei ohne den Gedanken an den Tod nicht zu haben.

4 Mia erkennt sich als „Projektionsfläche" und „Integrationsfigur" für alle, die jemals an der METHODE gezweifelt haben. Für sie wird sie ihren Kampf führen, sozusagen als inkarnierte Freiheitsstatue. Diese Erkenntnis steht diametral zu Kramers Ansicht vom egoistischen Widerstand.

5 Mia distanziert sich von der R.A.K., da diese Anschläge auf Unschuldige verübe (S. 196). Damit folgt sie dem Beispiel ihres Bruders, der ebenfalls die R.A.K. ablehnt, da sie ihm seine individuelle Entscheidung abnehme (S. 149). Diese Auffassung bestätigt sie noch einmal zu einem späteren Zeitpunkt (S. 203).

6 Mia lässt sich am ehesten mit Sophie Scholl und Malala Yousafzai vergleichen, da beide mit nur wenigen Unterstützern bzw. allein für Menschenrechte und gegen einen diktatorischen bzw. autoritären Staat eingetreten sind – mit dem Wissen, damit ihr Leben aufs Spiel zu setzen. Ulrike Meinhof muss als Terroristin im Kampf gegen einen freiheitlich-demokratisch legitimierten Rechtsstaat gesehen werden. Bärbel Bohley hat sich zwar ebenfalls gegen eine Diktatur gestemmt, war dabei aber nicht allein, sondern zu einem Zeitpunkt ein wichtiger Teil einer Bewegung, an dem die Legitimität eines autoritären, undemokratischen Staates durch vielfache Protestaktionen massiv infrage gestellt wurde. Greta Thunberg steht ebenfalls nicht (mehr) allein, sondern legitimiert sich durch eine breite Basis an Anhängern, gestützt durch wissenschaftliche Erkenntnisse; zum Gegner hat sie keinen Überwachungsstaat, sondern verhärtete Strukturen. Carola Rackete ist ebenfalls Klimaaktivistin und hat im Juni 2019 als Kapitänin der *Sea-Watch* aus Libyen kommende Flüchtlinge im Mittelmeer aus Seenot gerettet und damit zwar einerseits im Namen der Menschenrechte geltendes Recht gebrochen, sich aber andererseits viel Anerkennung erworben für ihre Entschlossenheit. Ihre Gegner sind keine Diktaturen, sondern Demokratien, die einer humanen Lösung der Flüchtlingsfrage ausweichen.

Kopiervorlage 15 → S. 28

1 Heinrich Kramer wird als attraktive, gesunde Erscheinung beschrieben, schlank und gut gekleidet; sein Auftreten wird mit der „trügerische[n] Gelassenheit einer Raubkatze" verglichen (S. 15); dazu passen seine undurchdringlichen schwarzen Augen; in der Öffentlichkeit trägt er weiße Handschuhe, die damit nicht nur eine hygienische, sondern auch eine symbolische Funktion als vermeintliches Requisit der Unschuld erhalten; seine Handlungen werden als höflich, hingebungsvoll und unbedingt gekennzeichnet (S. 126); er ist verheiratet und hat zwei Kinder (S. 177).

2 Mias Einstellung zu Kramer wird als ambivalent beschrieben, da sie sich einerseits zu ihm hingezogen fühlt und seine unbedingte Hingabe bewundert, ihn andererseits für rücksichtslos hält und ihn als „Schnüffler" und „lächerliche Figur" bezeichnet; auf den Gedanken, „dass sie ihn lieben könnte", wurde schon einmal hingedeutet, als er sie beide als „immunologisch kompatibel" bezeichnete (S. 31); bis zum Schluss sucht sie die Nähe Kramers, obwohl er ihre Informationen kühl handelnd für seine Ziele ausbeutet; noch in der letzten Verhandlung wird aus der personalen Sicht Mias beglaubigt, dass er „die Rolle des einzigen echten Menschen in Mias Leben" gespielt habe (S. 254) und niemand sie so gut kenne wie er; nur so erklärt sich auch, dass Mia sich wünscht, dass er als einzige Person bei der Vollstreckung des Urteils anwesend sein soll (S. 258).

3 Während es Mia im Lauf der Handlung tatsächlich gelingt Emotion und Ratio miteinander zu versöhnen, erweist sich Kramer zusehends als gespaltene Persönlichkeit, die einerseits behauptet, der Vernunft verpflichtet zu sein, aber andererseits als irrational handelnder Fanatiker (S. 244) auftritt, der gegen alle Fakten Worte verdreht, Beweise manipuliert, Zeugen einschüchtert, Geständnisse erzwingt und schließlich die Verschwörungserzählung von der Widerstandsgruppe „Die Schnecken" erfindet und Mia Holl als deren Kopf präsentiert.

4 In Mias Monolog sollten ihre ambivalente Haltung zu Kramer zum Ausdruck kommen und Vermutungen darüber angestellt werden, warum sie immer wieder Kontakt zu Kramer sucht und bis zum Ende eine gewisse Vertrautheit zwischen ihnen zu erkennen ist.

Kopiervorlage 16 → S. 29

1 Die Gerichte weisen wie in einer Demokratie Richter, Staatsanwalt und Verteidiger auf, die aber nur wie gleichgeschaltete „schwarze Puppen" (71 u. ö., S. 250) erscheinen. Sophies Erscheinung hebt sich samt Strickjacke (S. 12) und Pferdeschwanz (S. 250) ab, sie vermittelt Harmlosigkeit. Dagegen weist die Aufteilung eines Tisches für das sog. öffentliche und private Interesse (S. 13) bereits auf fehlende Gewaltenteilung hin. Die Angeklagten sind dank der gesammelten Daten gläserne Menschen, die noch dazu nackt ausgestellt werden (S. 14). Ihr körperlicher Zustand ist zentraler Gegenstand des Prozesses. Es gibt innerhalb der Strafen steigende Eskalationsstufen. Bei Bagatelldelikten wird Hilfestellung angeboten. Bei schweren Tatvergehen werden die Angeklagten mit aller Härte behandelt und verurteilt (S. 259). Als besonders demütigend muss angesehen werden, dass Angeklagte vor Gericht in Käfigen vorgeführt werden und eine Gefängniskleidung aus Papier tragen müssen. Ihre Zellen sind ohne Möbel.

Kramers wachsender Einfluss widerspricht jeder Form von Gewaltenteilung. Er kann sich in Verhandlungen Gehör verschaffen (S. 165 f.) und jederzeit das Gericht betreten. Zum Ende hin gewinnt man den Eindruck, dass er nicht nur Herr des Verfahrens, sondern auch der Begnadigung ist. Dabei ist ihm jedes Mittel recht, um an sein Ziel zu gelangen: „Wenn das

Geständnis fehlt, bedarf es einer perfekten Kette aus Beweisen. Zeugenaussagen, Fingerabdrücke, Tonbandaufnahmen und dergleichen mehr. Die subjektive Wahrheit des Angeklagten wird gewissermaßen durch eine möglichst objektive ersetzt" (S. 230). Dabei kommen äußerst mittelalterliche Methoden zum Einsatz wie Folter und Verdrehung der Tatsachen, Zeugenerpressung, untergeschobene Beweisstücke etc. Somit entbehren die Rechtsverfahren letztes Endes jeder Objektivität. Dieser falsche Anschein gilt auch für die Abschaffung der Todesstrafe (S. 231), die angeblich nicht mit den Überzeugungen des Methodenstaats übereinstimme und deshalb durch das (nicht weniger grausame, aber besser zur glatten Oberfläche des Staatswesens passende) „Einfrieren auf unbestimmte Zeit" ersetzt wurde (S. 259).

2 Rosentreter ist Strafverteidiger und „Vertreter des privaten Interesses" (S. 69), wird als „netter Junge" eingeführt (S. 70). Das Kap. 18 stellt ihn ausführlich vor: Er wirkt nervös, benimmt sich tollpatschig und zu wenig professionell, erscheint aber andererseits auch schlau und „spitzbübisch" (S. 74). Mia gelingt es lange Zeit nicht, ihn ernst zu nehmen. Auch Bell und Sophie halten ihn nicht für erwachsen (S. 99). Während Mia eigentlich nur ihre Ruhe möchte und keine weiteren Schritte unternehmen will, plädiert er auf Härtefall und stellt umfangreiche Nachforschungen an, um die METHODE zu attackieren und schließlich zu widerlegen (S. 171ff.). Zum Gegner der METHODE wird er aber nicht durch Mias Fall, vielmehr nutzt er sein Mandat und forciert den Prozess, um sein privates Unglück wettzumachen, die heimliche, weil verbotene Liebe zu einer Frau, mit der er immunologisch nicht kompatibel ist (S. 112). Mia wird dies später als „den Grund und das Ziel [s]einer Reise" bezeichnen (S. 227).

3 Rosentreter wird für Mia als Pflichtverteidiger bestellt (S. 69). Das Verhältnis zu seiner Mandantin verschlechtert sich nach dem aus seiner Sicht „größtmögliche[n] Triumph" (S. 171) im Prozess. Als er mit ihr auf den Sieg anstoßen will, ist ihr nicht nach Feiern. Sie ist so aufgewühlt, dass sie Rosentreter brüskiert und aus der Wohnung wirft. Ihre Entscheidung fällt gegen die Fortsetzung seiner ausgeklügelten Prozessstrategie und für eine Abrechnung mit dem System. Rosentreters Rat, der Öffentlichkeit fernzubleiben (S. 172), verwirft sie und wendet sich ausgerechnet an Kramer, um dem Widerstand in der Öffentlichkeit ein Gesicht zu geben. Nach Mias Verhaftung wird Rosentreters Klage beim „Höchsten Methodengericht" (S. 196) zurückgewiesen. Es ist aber anzunehmen, dass er sich bereits zu diesem Zeitpunkt innerlich von ihr abgewandt hat, da für ihn seit dem Erfolg vor Gericht „die Dinge in eine falsche Richtung" laufen (S. 221). Er beginnt sie in ihrer selbstzerstörerischen „Obsession" (S. 221) „zu hassen" (S. 220). Als sie ihm anbietet, das Mandat niederzulegen, entscheidet er sich trotz erkannter Aussichtslosigkeit für eine Fortsetzung. Wehrlos muss er zusehen, wie seine Freundin ihre verbotene Liebesbeziehung beendet, weil sie ihm vorwirft, aus „Karrieregeilheit" (S. 226) eine „Terroristin" (S. 227) zu verteidigen. Mia schlussfolgert messerscharf, dass dadurch sein Mandat sinnlos geworden sei (S. 227). Dass er trotz allem Mias Wunsch erfüllt, ihr heimlich eine Nadel im Gefängnis zuzustecken (S. 228), scheint auf den ersten Blick widersprüchlich, bietet aber reizvollen Anlass für eine Diskussion.

Modul IV: Erzähltechnik und Sprache

INTENTION	Das Modul will den Schülerinnen und Schülern die Erzählweise des Romans verständlich machen und ihre Fähigkeit schulen, Figuren über ihr Sprachverhalten zu charakterisieren.
ZEITBEDARF	1 Unterrichtsstunde (KV 17) 1 Doppelstunde (KV 18)
MATERIAL	KV 17: Die Gestaltung der erzählten Welt analysieren KV 18: Figuren über ihre Sprache charakterisieren
DIDAKTISCHE HINWEISE	Bevor die eigentliche Analyse der Erzählweise in *Corpus Delicti* erfolgt, sollen die Schülerinnen und Schüler grundsätzliche Überlegungen zu Erzählverfahren in der Gegenwartsliteratur kennenlernen. Der ausgewählte Text soll verständlich machen, warum Juli Zeh in ihrem Roman zum auktorialen Erzählstil gegriffen hat. Anschließend soll die Wirkung ausgewählter Romanstellen hinsichtlich des Erzählverhaltens bestimmt werden. Dabei handelt es sich um exemplarische Auszüge, die v. a. das auktoriale Erzählen sichtbar machen. Anschließend wird anhand einzelner Textauszüge gezeigt, wie die Romanfiguren über ihre Sprache indirekt charakterisiert werden, aber auch, wie absichtsvoll die Figuren ihre Sprache gegenseitig kopieren.
ZIELVORSTELLUNGEN/ KOMPETENZ- BESCHREIBUNGEN KV 17	Die Schülerinnen und Schüler erwerben und verfügen über folgende Erkenntnisse und Kompetenzen. Sie - differenzieren Erzähltechniken - analysieren das Erzählverhalten eines Romans und beschreiben seine Wirkung
DURCHFÜHRUNG/ UNTERRICHTSSCHRITTE KV 17	1. An dieser Stelle empfiehlt es sich, noch einmal grundsätzlich die verschiedenen Erzählverfahren eines Textes in Erinnerung zu rufen. 2. Die Kopiervorlage lässt sich recht schnell erarbeiten. Sollten Sie feststellen, dass Ihre Schülerinnen und Schüler wenig mit Erzählweisen vertraut sind, sollten sie längere Abschnitte einer genaueren Lektüre unterziehen.
ZIELVORSTELLUNGEN/ KOMPETENZ- BESCHREIBUNGEN KV 18	Die Schülerinnen und Schüler erwerben und verfügen über folgende Erkenntnisse und Kompetenzen. Sie - setzen sich mit fachspezifischen Kategorien der sprachlichen Gestaltung in einem Erzähltext auseinander, um die Wirkung und die Qualität eines Textes genauer analysieren zu können
DURCHFÜHRUNG/ UNTERRICHTSSCHRITTE KV 18	1. Auch hier empfiehlt es sich, einleitend noch einmal grundsätzlich auf die verschiedenen Formen der Figurenrede und auf die unterschiedlichen Elemente der sprachlichen Gestaltung einzugehen. 2. Es bietet sich an, die Texte zunächst laut lesen zu lassen. Die Analyse sollte in EA erfolgen und erst danach in PA verglichen werden. Falls sich die Schülerinnen und Schüler schwer damit tun, die sprachliche Gestaltung zu beschreiben, können im Plenum zunächst gemeinsam die ersten Absätze analysiert werden, um ein Gefühl für die Gestaltung des Textes zu entwickeln. 3. Wenn Sie eine genauere Struktur erreichen wollen, lassen Sie die sprachlichen Gestaltungsmittel einzeln auflisten, z. B. in Form einer Tabelle oder einer Mindmap. – Falls Sie mit Tablets im Unterricht arbeiten, nutzen Sie die App „SimpleMind" oder die Regalfunktion der App „Padlet".

Lösungen

Kopiervorlage 17 → S. 30

1 Juli Zeh geht mit deutlich selbstironischem Gestus auf die Erzählweise junger deutscher Autoren ein. Da sie „nichts zu erzählen" hätten, könnten sie gar nicht anders, als ichbezogene Texte zu schreiben. Da die Erlebniswelt klein sei und nur um die „eigene Person" kreise, müsse auch der Ausschnitt, aus dem man erzählen könne, „eingeschränkt" sein. Neben der Ich-Perspektive biete sich da höchstens noch das personale Erzählverhalten an. Am Ende des Auszugs rechtfertigt sie diese Gleichsetzung von Autor und Erzähler (s. Titel) philosophisch und stellt gleichzeitig die berechtigte Frage, ob trotz der Erkenntnis, dass es keine objektiv zugängliche Wirklichkeit gebe, nicht doch in der Literatur das Subjektive überwunden werden könne.

Zur **Vertiefung** sei die ZEIT-Debatte „So viele Ich-Texte?" empfohlen, z. B.: Johannes Franzen: „Hemmung vor der Wirklichkeit, ein Essay über die Frage, ob man persönliche Erfahrungen und Betroffenheiten überhaupt rezensieren könne" (DIE ZEIT, 15. Oktober 2019).

2 Juli Zeh hat ihren Befund von 2004 Lügen gestraft, indem sie für sich eine Lösung gefunden hat, trotz der Ermangelung einer „objektiv zugänglichen Wirklichkeit" nicht aus der Ich-Perspektive schreiben zu müssen. Ihre eigenen Überzeugungen, Wertvorstellungen und philosophischen Ansichten hat sie in einem Zukunftsroman untergebracht, in dem sie ungezwungen und ohne Einschränkung aus der allwissenden Perspektive fabulieren kann. – Allerdings wird von ihr nicht einheitlich dieses Erzählverhalten gewählt. Einige Kapitel werden unvermittelt in die Erzählung gestellt und erhalten dadurch einen dokumentarischen Charakter: *Das Vorwort*, *Das Urteil*, *Genetischer Fingerabdruck* (Erzählerbericht, wobei die witzigwertende Wendung „weder sympathisch noch unsympathisch, sondern tot", (S. 33) zu beachten ist). Die Kap. *Wie die Frage lautet* und *Bedrohung verlangt Wachsamkeit* sind unkommentierte Darstellungen aus der Sicht von Mia und Kramer. Das Kap. *Ambivalenz* (s. Kopiervorlage 15) ist mithilfe des personalen Erzählverhaltens aus der Sicht Mias verfasst. Wie in der Gerichtsverhandlung (S. 250 ff.) wird dadurch die Identifikation der Leser mit Mia angestrebt.

3 An diesen Beispielen wird deutlich, dass es einen Ich- bzw. Wir-Erzähler auch in einem auktorial erzählten Roman geben kann. Eine Ich-Erzählung verlangt, dass das Ich in der ersten Person sowohl als Erzähler als auch als eine mit ihm identische Handlungsfigur auftritt. Das auktoriale Erzählverhalten (anders als das personale und neutrale) kann auch „Ich" sagen, indem es ausgiebig kommentiert und ironisiert (ein beliebtes Verfahren in Romanen von Thomas Mann bis Elfriede Jelinek). Juli Zeh benutzt das nach der neueren Erzähltheorie heterodiegetisch genannte Verfahren, um den Leser miteinzubeziehen, um dem Leser Distanz zum Geschehen und den Figuren zu ermöglichen oder mit dem Status des unzuverlässigen Erzählers zu kokettieren (vgl. S. 79).

Kopiervorlage 18 → S. 31 f.

1 Der sog. diegetische Modus (nach der neueren Erzähltheorie Bezeichnung für die direkte Figurenrede) wird verwendet, um ähnlich der Figurenrede im Drama das gesprochene Wort unmittelbar wiederzugeben. In Juli Zehs Roman wird dieser Modus häufig auch als nicht-markierte Figurenrede (ohne inquit-Formel) wiedergegeben. Dieser Modus lässt den Erzähler zurücktreten und gestaltet die Handlung zeitdeckend. Das Erzählverhalten wird dabei neutral. Juli Zeh hat bei ihrer Umarbeitung des Romans aus dem Theaterstück den dramatischen, unmittelbaren Gestus des Szenischen beibehalten, um den Konflikt ihrer Figuren möglichst authentisch wiederzugeben.

2 Auffällig ist Kramers hoher Ton gegenüber der Alltagssprache Mias. Seine wie auswendig gelernten Phrasen wirkenden „Formeln" belegen seine Unbeugsamkeit und seinen festen Willen. Kramer ist nicht an einem Dialog interessiert, er verdreht den Sinn der Worte, um sie für seine perfide Strategie auszunutzen. Er geht manipulativ vor („Vielleicht wollen Sie mir sagen, wie Moritz wirklich war"). Mia zeigt sich als Fragende, als Suchende (vgl. das Bild von der Kreuzung). Kramer hat bereits seine Antworten gefunden, die er wie eine „Maschine" von sich gibt. Er kennt keine Skrupel und seine Fragen sind keine echten Fragen (wie bei Mia), sondern rhetorische. Die ideale Geliebte erweist sich gegenüber Mia als Stichwortgeberin, als argumentative Stütze und vor allem als diejenige, die Mia zwingt, sich zu entscheiden: Entweder – oder. Genau dieses Entweder-Oder-Prinzip greift Mia dann in der Hauptverhandlung auf: „Tötet oder schweigt. Alles andere ist Theater". In diesem gewaltigen Schlussappell gewinnt ihre Sprache an Anschaulichkeit und Dramatik (das Pathos ist dem Revolutions-Jargon des 18./19. Jahrhunderts entliehen). – Als Zusatzaufgabe ließe sich die Sprechweise Moritz Holls danebenstellen, die bunter, wilder, einfallsreicher und variabler ist (s. Rückblenden).

Modul V: Kontexte

Intention	Die Materialien zu diesem Modul bündeln verschiedene Umgebungsthemen, die sich auf Inhalte des Romans, die Gattung und die Haltung der Autorin beziehen. Namentlich die Debatten im Rahmen der Covid-19-Pandemie haben Positionen hervorgebracht, die auf den Roman *Corpus Delicti* noch einmal ganz neue Schlaglichter geworfen haben.
Zeitbedarf	1 Unterrichtsstunde (KV 19) 1 Doppelstunde (KV 20) 1 Doppelstunde (KV 21) 1 Doppelstunde (KV 22) 1 Unterrichtsstunde oder 1 Doppelstunde (KV 23)
Material	KV 19: Darf der Staat seine Bürger zur Gesundheit zwingen? – Einen eigenen Standpunkt finden KV 20: Die Aktualität des Romans diskutieren KV 21: BIG DATA – Die Preisgabe persönlicher Daten kritisch bewerten KV 22: Stellung zu politischem Engagement und politischer Literatur nehmen KV 23: Gattungsfragen erörtern
Didaktische Hinweise	Das Modul „Kontexte" will die Schülerinnen und Schüler einerseits dazu anregen, Themen des Romans über ihre literarische Behandlung hinaus zu diskutieren, die die Lebenswelt der Jugendlichen betreffen und aufregende Aktualität besitzen; andererseits sollen eminent literarische Themen wie schriftstellerisches Engagement und Gattungsfragen in den Fokus genommen werden. In diesem Modul lernen die Schülerinnen und Schüler darüber hinaus Ansichten der Autorin kennen, die erhellende, aber auch überraschende Facetten haben können. Juli Zeh hat in ihrem Buch *Fragen zu Corpus Delicti* (2020) ausgiebig Auskunft zu ihrem Werk gegeben.
Zielvorstellungen/ Kompetenzbeschreibungen KV 19	Die Schülerinnen und Schüler erwerben und verfügen über folgende Erkenntnisse und Kompetenzen. Sie – erörtern ausgehend von einem Debattenbeitrag elementare Fragen der Gegenwart – ordnen ein historisches Dokument ein und bewerten seine Implikationen – recherchieren unter festgelegten Suchbegriffen und diskutieren die Ergebnisse
Durchführung/ Unterrichtsschritte KV 19	1. Kopiervorlage 19 schließt an eine der Romanlektüre vorgeschaltete Diskussion an (s. Kopiervorlage 1). Nach der Lektüre dürfte diese Frage in den Augen der Schülerinnen und Schüler eine größere Dringlichkeit erlangt haben. Lassen Sie zuerst den Text lesen und eröffnen dann zu Beginn der Stunde die Redekette. 2. Als Vorbereitung zu Aufgabe 2 sollten die Schülerinnen und Schüler am besten bereits als HA den Beitrag im „WDR-Stichtag" zum Reichsimpfgesetz gehört und die Kerninformationen mitgeschrieben haben. 3. Auch bei Aufgabe 3 empfiehlt es sich, den Rechercheauftrag bereits als HA zu stellen. – Falls Sie mit Tablets im Unterricht arbeiten, lassen Sie die Schülerinnen und Schüler unter Stichworten wie „Eingriffe des Staates in die Privatsphäre", „gesundheitsfördernde Zwangsmaßnahmen", „Reihenimpfung" oder „Impfkampagne" selbstständig recherchieren.
Zielvorstellungen/ Kompetenzbeschreibungen KV 20	Die Schülerinnen und Schüler erwerben und verfügen über folgende Erkenntnisse und Kompetenzen. Sie – entwickeln und begründen eigene Wertvorstellungen – sie identifizieren fremde Positionen und reflektieren diese – diskutieren aktuelle gesellschaftliche Fragen und formulieren dazu eine eigene Position

Durchführung/ Unterrichtsschritte KV 20	1. Aufgabe 1 kann, um gründlichere Ergebnisse zu gewährleisten, als HA gestellt werden. Achten Sie nur darauf, dass eine größtmögliche Bandbreite erzielt wird. Die Begründungen können mündlich oder schriftlich als Plädoyers ausgearbeitet werden und sollten als Vortrag inszeniert werden. Die Erstellung von Plakaten – wie auf Demonstrationen – kann eine willkommene Alternative bilden, falls sich zu viele Schülerinnen und Schüler auf einen Wert festlegen wollen. – Falls Sie mit Tablets im Unterricht arbeiten, nutzen Sie z. B. die Ranking-Funktion des Tools „Mentimeter". 2. Die Aufgaben 2 und 3 erfordern Zeit und Raum für eine freie Debatte. Je nach Zusammensetzung des Kurses können eine Pro-Kontra-Debatte oder eine Podiumsdiskussion erwogen werden. 3. Aufgabe 3 kann unmittelbar an die Diskussion in Aufgabe 2 anschließen. Falls Sie nicht genügend Zeit zur Verfügung haben oder eine schriftliche Übung als erforderlich ansehen, können Sie Aufgabe 2 auch als Texterörterung zuhause bearbeiten lassen. Dies bietet sich aber in jedem Fall auch nach erfolgter Debatte im Unterricht als Ergebnissicherung an. – Beachten Sie dazu auch die in der Lösung genannten Empfehlungen zur Vertiefung des Themas.
Zielvorstellungen/ Kompetenzbeschreibungen KV 21	Die Schülerinnen und Schüler erwerben und verfügen über folgende Erkenntnisse und Kompetenzen. Sie – reflektieren ihren Umgang mit persönlichen Daten im Internet – positionieren sich zu der Aussage einer Romanfigur – entwerfen zu fachlich strittigen Sachverhalten und Texten differenzierte Argumentationen und reflektieren die Prämissen ihrer Argumentationen – beziehen sich in eigenen Gesprächsbeiträgen explizit und zielführend auf andere
Durchführung/ Unterrichtsschritte KV 21	1. Die Aussagen der Statistik könnten zunächst in EA analysiert und dann mit Bezug auf das eigene Verhalten der Schülerinnen und Schüler im Internet gemeinsam diskutiert werden. 2. Zu Mia Holls Aussage empfiehlt sich ein kurzer Schreibauftrag (ca. sieben Minuten), zu dem sich die Schülerinnen und Schüler anschließend in PA schriftliches Feedback geben können. – Falls Sie mit Tablets im Unterricht arbeiten, nutzen Sie z. B. die Open-Ended-Funktion des Umfrage-Tools „Mentimeter". 3. Die Argumente zu Aufgabe 4 können in PA erarbeitet werden. 4. Die Diskussion zu Aufgabe 5 kann als Pro-Kontra-Debatte in Kleingruppen ausgeführt werden, um möglichst alle Schülerinnen und Schüler an der Diskussion zu beteiligen. 5. Achten Sie auf die Differenzierung, dass es in den Aufgaben 1 und 4 um staatliche Datenerhebung geht und in 5 um privatwirtschaftliche Datensammlung (s. auch die entsprechenden Infokästen). Das sollte dringend auseinandergehalten werden. Es empfiehlt sich im Kurs z. B. danach zu fragen, welche Möglichkeiten der Staat hat, Social-Media-Kanäle einzusehen. Sie werden staunen, wie viele Schülerinnen und Schüler glauben, dass staatliche Behörden ungehinderten Zugriff darauf haben!
Zielvorstellungen/ Kompetenzbeschreibungen KV 22	Die Schülerinnen und Schüler erwerben und verfügen über folgende Erkenntnisse und Kompetenzen. Sie – erläutern einen Sachtext und wenden dabei ihre außerliterarischen Kenntnisse an – überprüfen eine These – erschließen einen pragmatischen Text unter vorgegebenen Aspekten – überprüfen einen Fachbegriff anhand ihrer eigenen literarischen Expertise

| Kopiervorlagen | Analyse und Interpretation | Kommentare und Lösungen |

Durchführung/ Unterrichtsschritte KV 22	1. Aufgabe 1 kann mündlich durchgeführt werden. Es empfiehlt sich, die Schülerinnen und Schüler im Vorfeld nach dem Begriff der „littérature engagée" recherchieren zu lassen. Ein Arbeitsauftrag für zuhause könnte lauten: Recherchieren Sie die Bedeutung des Begriffs „Engagierte Literatur" unter besonderer Berücksichtigung der Definition von Jean Paul Sartre in *Was ist Literatur?* (1947). Beantworten Sie dazu folgende Fragen: Welche Funktion hat nach Sartre der Schriftsteller? Auf welche Werte beruft sich ein engagierter Schriftsteller? Welcher Medien bedient sich engagierte Literatur? Welche Ziele verfolgt engagierte Literatur? 2. Aufgabe 2 sollte spontan mündlich erörtert werden. – Falls Sie mit Tablets im Unterricht arbeiten, nutzen Sie z. B. die Word-Cloud- oder die Open-Ended-Funktion des Tools „Mentimeter". 3. Lassen Sie den Text von Juli Zeh in EA unter der angegebenen Frage erschließen und die Ergebnisse anschließend in PA vergleichen. 4. Aufgabe 4 sollte direkt im Anschluss in PA besprochen werden und dann ins Plenum getragen werden. Hier bietet sich auch ein kurzer, zeitlich limitierter Schreibauftrag an. – Außerdem sollte an dieser Stelle nicht versäumt werden, die Schülerinnen und Schüler zu fragen, was davon zu halten ist, dass eine Autorin ihren eigenen Roman erklärt – auch mit dem Ziel, Sinn und Nutzen der Interpretation zu erhellen. 5. Aufgabe 5 kann aus Zeitgründen auch als HA gestellt werden. In diesem Fall sollten Sie Aufg. 6 vorziehen, um den Kreis zum Thema politische Literatur zu schließen. 6. Nach Lektüre des Textes sollte die Aufgabe 6 abschließend im Podium diskutiert werden.
Zielvorstellungen/ Kompetenzbeschreibungen KV 23	Die Schülerinnen und Schüler erwerben und verfügen über folgende Erkenntnisse und Kompetenzen. Sie – lernen gattungspoetologische Fachbegriffe kennen und anwenden – lernen genretypische Stoffe kennen – stützen ihr Textverständnis argumentativ durch gattungspoetologische Kenntnisse – setzen sich mit einem pragmatischen Text über Gattungsfragen auseinander – übernehmen eine fremde Perspektive als ihre eigene
Durchführung/ Unterrichtsschritte KV 23	1. Es empfiehlt sich, Aufgabe 3 als HA vorbereiten zu lassen. Hier bieten sich auch Kurzvorträge an, um das Genre der Dystopie literatur- und filmgeschichtlich einzuordnen. 2. Alternativ könnten Sie als HA *Corpus Delicti* als filmisches Szenario umsetzen lassen. Hierbei müsste auffallen, dass Juli Zeh nur spärliche Angaben zu ihrer Zukunftswelt macht bzw. vieles aus unserer Zeit in abgewandelter Weise übernommen werden könnte. 3. Aufgabe 1 dürfte keine Schwierigkeiten machen und lässt sich mündlich erarbeiten. 4. Auch Aufgabe 2 dürfte keine Schwierigkeiten bereiten. Hier geht es v. a. darum, die Schülerinnen und Schüler mit den Genredefinitionen vertraut zu machen. 5. Dietmar Daths offensive Auseinandersetzung mit den Gattungen Utopie/Dystopie sollte nur in leistungsstarken Kursen bearbeitet werden, kann aber dort zu anregenden Diskussionen führen.

Lösungen

Kopiervorlage 19 → S. 33

1 Harro Albrecht macht unter Verweis auf das Alter der Autorin darauf aufmerksam, dass staatliche Eingriffe auch bei ihr lebensverlängernd und gesundheitsfördernd gewirkt haben und legt daher nahe, dass – wie der Titel suggeriert – ein bisschen Zwang schon ausgeübt werden müsse, um die Gesundheit der Bevölkerung zu erhalten.

2 Der Beitrag aus der Reihe „Stichtag" im WDR-Rundfunk mit Hintergrundinformationen zum Reichsimpfgesetz ist bis zum 5.4.2029 verfügbar, er findet sich unter: https://www1.wdr.de/stichtag/stichtag-reichsimpfgesetz-wird-erlassen-100.html.

In Diktaturen lassen sich staatliche Zwangsmaßnahmen zentral und ohne großen Aufwand durchsetzen. In einer Demokratie bedürfen sie hingegen einer parlamentarischen Debatte und einer gesetzlichen Grundlage, die die Zustimmung der Bevölkerung zu solchen Maßnahmen widerspiegelt. Der Aufwand ist demnach als hoch einzuschätzen, auch weil Zwangsmaßnahmen Institutionen brauchen, die sie durchsetzen. Im Beispiel der Schutzimpfung gegen Pocken sind das die Ärzte und insbesondere die Schulen. Es ist davon auszugehen, dass die Kontrolle eine erhebliche Mehrbelastung für die Verantwortlichen mit sich brachte. Zuletzt müssen Verstöße gegen das Gesetz sanktioniert werden. Die vorgesehenen Strafen im Beispiel sind erheblich. In bestimmten Fällen müsste der Staat auch Ausnahmegenehmigungen erteilen, abhängig von den Nebenwirkungen des Impfstoffes. Auch über Regressforderungen muss entschieden werden. Es zeigt sich demnach, dass gesetzliche Grundlagen für Zwangsmaßnahmen, selbst wenn ihre Evidenz erwiesen ist, kein probates Mittel sind, um die Gesundheit der Bürgerinnen und Bürger in Demokratien aufrechtzuerhalten. Die Einschränkung der Freiheitsrechte müsste sehr gut begründet werden.

3 Folgende aktuelle Beispiele könnten nach ihrer Verhältnismäßigkeit vor dem Hintergrund des Artikel 2 GG (Absatz 2: „Jeder hat das Recht auf Leben und körperliche Unversehrtheit. Die Freiheit der Person ist unverletzlich") einerseits und des Infektionsschutzgesetzes andererseits befragt werden: Masernimpfung, Maskenpflicht, Rauchverbot, Schokoladensteuer, Verbot schädlicher Transfette, Nutricode-Systeme, Geschwindigkeitsbegrenzungen. Ein besonders interessantes Beispiel stellt die Einführung der Gurtpflicht von 1976 dar, da sie damals einen großen Aufschrei in der Bevölkerung auslöste – heute für die Schülerinnen und Schüler wohl nicht mehr vorstellbar.

Für eine **Vertiefung** empfiehlt sich der komplette Artikel von Harro Albrecht in der ZEIT v. 19.03.2009.

Kopiervorlage 20 → S. 34 f.

1 Achten Sie auf nachvollziehbare Begründungen.

2 Zusammenfassung: Schäuble verweist auf das Handlungsprimat des demokratisch legitimierten Staates und räumt ein, dass es in Zeiten wie der Covid-19-Pandemie keine „absolut richtige[n] Entscheidung[en]" geben könne. Für ihn dürfe das Grundrecht auf „Schutz von Leben" nicht alle anderen Grundrechte aushebeln. Den obersten Wert habe für ihn allein das Grundrecht „Die Würde des Menschen ist unantastbar" (Art.1 GG). Je länger die Krise dauert, desto eher müsse man sich damit abfinden, dass gerade ältere Menschen daran sterben werden. Damit sagt Schäuble indirekt, dass Krankheit und Tod in Kauf genommen werden müssen, wenn die Würde des Menschen verletzt werden könne. Das aber trete ein, wenn der Staat bspw. den Erhalt der wirtschaftlichen Existenz der Menschen gefährde. Im Übrigen verweist er darauf, dass es größere Probleme für die Menschheit gebe als die Pandemie. – **Juli Zeh** verweist auf den problematischen, vereinseitigenden „Antagonismus zwischen Menschenrechten und Menschenleben". Sie geht davon aus, dass die Mehrheit der Menschen einsichtig und vernünftig sei und fordert daher von der Politik eine klare Strategie. Sie beklagt die Kriegsrhetorik und die Drohung mit „Bestrafungsszenarien".

Stellungnahme: Diskussionsanlässe bieten in diesem Zusammenhang die Umsetzung der Maßnahmen im Rahmen der Pandemie-Bekämpfung, die Rechtssetzung ohne parlamentarische Beteiligung, die unterschiedlichen Geltungsbereiche des Lockdowns, die föderale Struktur der Bundesrepublik, die verschiedenen Gerichtsurteile zur Rechtmäßigkeit einzelner Bestimmungen und Verordnungen, das (in Einzelfällen eingeschränkte) Demonstrationsrecht …

3 Den Schülerinnen und Schülern sollte in der Diskussion zumindest deutlich werden, dass unsere Gesellschaft aufgrund ihrer in der Verfassung garantierten Grundrechte, ihrer unabhängigen Gerichte und ihrer parlamentarischen Kontrollmöglichkeit, um nur einige Manifestationen der Gewaltenteilung zu nennen, weit von einer Diktatur entfernt ist. Insofern sind Vorwürfe, die man 2020 vermehrt gehört hatte, die Bundesrepublik sei eine „Coronadiktatur", als reine Polemik zu werten. Allerdings dürfen – wie Schäuble und Zeh richtig hervorgehoben haben – Grundrechte nicht gegeneinander ausgespielt werden, und jede Freiheitsbeschränkung muss maßvoll und nachvollziehbar sein. Heriberts Prantls bissige Feststellung, das Parlament betreibe eine „Selbstverzwergung", kann in diesem Zusammenhang sicher mit Gewinn erörtert werden.

Es bieten sich mehrere **Vertiefungsmöglichkeiten** an: der Debattenbeitrag im SPIEGEL vom 24. April 2020: „Sechs Prominente appellieren an die Politik. Raus aus dem Lockdown – so rasch wie möglich", an dem sich auch Juli Zeh beteiligte; für einen politisch interessierten Kurs bieten sich die Warnrufe des SZ-Kolumnisten Heribert Prantl vom Nov. 2020 an; für einen literarisch-philosophisch interessierten Kurs bietet sich der Essay *Krankheit als Metapher* von Susan Sontag an, der das Framing bei der Bezeichnung bestimmter Krankheiten kritisiert.

Kopiervorlage 21 → S. 36 f.

1 Die Ergebnisse der Befragung sollen als Anregung für die Schülerinnen und Schüler dienen, ihren eigenen Umgang mit persönlichen Daten im Internet zu reflektieren. Für eine gemeinsame Diskussion auf der Basis der statistischen Befunde könnte das Verhältnis zwischen dem eigenen Informationsstand und dem (manchmal im Widerspruch dazu stehenden?) Verhalten im Internet interessant sein: Verfügen die Schülerinnen und Schüler über das nötige Wissen für einen verantwortungsvollen Umgang mit den persönlichen Daten? Und verhalten sie sich entsprechend, wenn sie Zugang (s. die letzte Aussage zur bewussten Kenntnisnahme der AGBs von digitalen Angeboten) zu den relevanten Informationen haben?

| Kopiervorlagen | Analyse und Interpretation | Kommentare und Lösungen |

2 Mit dieser Aussage zitiert Mia Holl ein Argument, das man in der Debatte um Überwachung von vielen Seiten zu hören bekommt – und das keineswegs nur von Laien in Datenfragen. Dass jeder Staat ein vitales Interesse daran hat, seine Bürger besser zu kennen, z. B. um Planungssicherheit zu haben oder Verbrechen zu bekämpfen, ist eine Binsenwahrheit. Um den Staat von der missbräuchlichen Verwendung der Daten abzuhalten, müssen Datenschützer und Gesetzgeber immer wieder aufs Neue die Grenzen ausloten. Jedenfalls muss verhindert werden, dass Sicherheit zum Selbstzweck wird, wie Mia Holl feststellt: „Ich entziehe einer Sicherheit das Vertrauen, die eine letztmögliche Antwort sein will, ohne zu verraten, wie die Frage lautet" (S. 186). Die Frage, die Juli Zeh selbst immer wieder in ihren Veröffentlichungen aufwirft, ist die nach dem Staat, in dem wir zu leben wünschen und die nach dem Leben, das wir führen wollen (vgl. dazu auch den Text für den Klausurvorschlag für die Lehrkraft, KV 27).

Die Anerkennung des informationellen Selbstbestimmungsrechts als vom Grundgesetz geschütztes Gut begründet das Bundesverfassungsgericht damit, dass sich Bürgerinnen und Bürger aufgrund individueller Entfaltungschancen sicher sein müssen, dass abweichende Verhaltensweisen nicht kontrolliert oder gespeichert werden. Selbstbestimmung, Handlungsfähigkeit und Mitwirkungsfähigkeit seien unerlässlich für ein freiheitlich demokratisches Gemeinwesen. Wörtlich heißt es: „Wer damit rechnet, dass etwa die Teilnahme an einer Versammlung oder einer Bürgerinitiative behördlich registriert wird und dass ihm dadurch Risiken entstehen können, wird möglicherweise auf eine Ausübung seiner entsprechenden Grundrechte (Art. 8, 9 GG) verzichten" (BVerfG: Urteil des Ersten Senats vom 15. Dezember 1983).

3 und 4 Juli Zeh greift das Zitat von Mia Holl (s. Aufg. 2) auf und beklagt, dass vielen Bürgerinnen und Bürgern, die glaubten, sie hätten nichts zu verbergen, die Vorstellung von echter persönlicher Freiheit verlorengegangen sei. Sicherheit dürfe kein vorrangiges Ziel gegenüber dem Schutz der Privatsphäre sein, da Sicherheit und Risikofreiheit – das zeige auch der Roman – nicht absolut zu haben seien. – In der Diskussion könnten Sie den Schülerinnen und Schülern anhand der Reaktionen auf die Volkszählung in den 1980er Jahren den Bewusstseinswandel exemplarisch aufzeigen. Auch wäre zu fragen, ob die bereits bestehenden Möglichkeiten zur Datenspeicherung noch ausgebaut werden sollen: öffentliche Videoüberwachung, Einsatz von Körperscannern an Flughäfen, automatische Gesichtserkennung, Daumenabdruck bei Ausweisen, Vorratsdatenspeicherung.

5 Motive dieses Verhaltens: Nachteile werden gegenüber dem Vorteil der kostenfreien Kommunikation in Kauf genommen; gezielte Werbung wird ausgeschaltet oder gar als Vorteil wahrgenommen; AGB's werden nicht gelesen (vgl. die letzte Aussage der Satistik), nur bestätigt; Unbekümmertheit, fehlende Informationen und auf der anderen Seite die Lust an der Selbstdarstellung bringen den Verlust persönlicher Freiheit und informationeller Selbstbestimmung mit sich.

Folgen: Datenpreisgabe an Unternehmen, deren Umgang mit den erhobenen Daten zum Teil undurchschaubar ist; Monopolisierung von Datenfirmen; Machtzuwachs der Tech-Firmen im Silicon Valley gegenüber der politischen Administration.

Vertiefungsmöglichkeiten: Den Aufruf *Die Demokratie verteidigen im digitalen Zeitalter* (2013) hat neben vielen anderen Schiftsteller*innen auch Juli Zeh unterzeichnet; Felix Lee: „China: Die AAA-Bürger. Bonuspunkte für den Kauf gesunder Babynahrung, Abzug für Pornokonsum: In China wird das Social Credit System getestet. Es überwacht, bewertet und erzieht die Bürger" (DIE ZEIT).

In dem mit dem Studenten-Oscar prämierten Kurzfilm *Invention of Trust* (2017) setzt sich ein junger Gymnasiallehrer in aussichtsloser Lage gegen ein Unternehmen zur Wehr, das seine Internet- und Handydaten gekauft hat (On Demand auf *Vimeo*). Den Trailer zu diesem Film finden Sie online. Geben Sie den **Code u2pj27** in das Suchfenster unter www.klett.de ein.

Trailer u2pj27

Kopiervorlage 22 → S. 38 f.

1 Thomas Ernst begründet das Entstehen einer politisch engagierten Literatur mit dem Nachlassen der Sinnstiftung durch Kirche und politische Vertreter, was als Folge der Aufklärung gesehen werden kann. Engagement wird nach Sartre als individuelle moralische Herausforderung verstanden, die die Verantwortung beinhalte, frei getroffene Entscheidungen an gesellschaftlich nützliche Zwecke anzupassen, nicht aber als Positionierung zu bestimmten politischen Themen. Sartre wollte Literatur nicht als moralische Lebenshilfe verstanden wissen.

2 Auf den ersten Blick handelt es sich bei *Corpus Delicti* um einen Roman der engagierten Literatur, da die Leserinnen und Leser (i.S.v. Sartre) für politisch-gesellschaftliche Probleme sensibilisiert werden. Dafür spricht auch, dass Juli Zeh diesen Roman ursprünglich für die Bühne geschrieben hat, die ihrer Ansicht nach als „genuin politischer Ort" aufzufassen ist (*Fragen zu „Corpus Delicti"*, S. 136). – Juli Zehs Werke zielen in der Regel nicht auf rein ästhetischen Genuss, sondern setzen den mitdenkenden, interpretierenden Leser voraus. Meist verbindet sie politisch relevante Themen mit Thriller-Elementen oder einer Liebesgeschichte.

3 Juli Zeh verteidigt auch hier ihre Vorstellung von der persönlichen Freiheit: Eine Schriftstellerin ist nicht verpflichtet, sich politisch einzumischen; sollte sie sich aber dazu entscheiden, könne sie ihre Unabhängigkeit dazu nutzen, unparteiisch, überlegt und ohne Zeitdruck ihre „Sichtweise im Informationsgeflacker" zu Gehör zu bringen. Als „politische Literatur" lässt sie nur solche gelten, der eine klar erkennbare Intention vorangeht. Als „politisch engagiert" kann sich eine Schriftstellerin nach Zeh aber auch einschätzen, ohne politische Romane zu schreiben.

4 und 5 Es ist unwahrscheinlich, dass die Schülerinnen und Schüler Juli Zehs ehrlicher Selbsteinschätzung folgen werden. Jedenfalls bietet sie einen guten Anlass, um über eindimensionale und komplexe Charaktere in der Literatur zu sprechen. Juli Zehs Meinung, politische Literatur müsse ihre Mehrdimensionalität aufgeben, mag für Romane wie *Corpus Delicti* gelten, ist aber nicht im Sinne der littérature engagée, die ja gerade die Freiheit der Leserinnen und Leser zu einem eigenen Urteil voraussetzt.

6 Während er im ersten Auszug die Figur des (literarischen) Intellektuellen aus der schwindenden Bedeutung von traditionellen Institutionen im 19. Jahrhundert erklärt, begründet Thomas Ernst nun den Bedeutungsverlust des (literarischen) Intellektuellen im 20. Jahrhundert gegenüber Expertenwissen innerhalb einer komplex gewordenen Welt. – Ob er mit seiner Beobachtung Recht hat, darf im Falle von Juli Zeh angesichts des Erfolgs von Bühnenstück und Roman sowie der anschließenden Debatten bezweifelt werden.

Zur **Vertiefung**: Das Thema „Politisches Engagement und Gesellschaftskritik in der Gegenwartsliteratur" lässt sich anhand von Juli Zehs Dankesrede bei der Verleihung des Heinrich-Böll-Preises (2019) noch intensiver erarbeiten.

Kopiervorlage 23 → S. 40 f.

1 Bei *Corpus Delicti* handelt es sich um keinen Science-Fiction-Roman, da sich Juli Zeh nur in geringem Umfang über die technischen Aspekte ihrer Zukunftswelt Gedanken gemacht hat und im Grunde nicht über das hinausgeht, was heute bereits umsetzbar ist. Die solarbetriebene Stadt wird zu Anfang nur skizziert, Fortbewegungsmittel werden nicht erwähnt, der genaue Umfang und die Funktionsweise der Datenspeicherung werden ebenso knapp geschildert wie die Ernährungsweise. Soziale Medien spielen – anders als ältere Medien wie TV und Zeitung – gar keine Rolle.

2 „Dystopie" wäre in jedem Fall der geeignete Begriff, da sich der im Roman gezeigte Staat als totalitäre Diktatur erweist. Der (doppelsinnig zu verstehende) Zusatz in der Aufgabenstellung „vom besseren Leben" passt aufgrund der dem vermeintlichen Wohlleben zugewandten Philosophie des Staates und der freiwillig angepassten Lebensweise der Bevölkerung (wie in *Schöne Neue Welt*).

3 Zu den berühmtesten Werken der literarischen Dystopien zählen Aldous Huxleys *Schöne Neue Welt* (1932), George Orwells *1984* (1949), *Fahrenheit 451* von Ray Bradbury (1953), Margaret Atwoods *Report der Magd* (1985) und Kazuo Ishiguros *Alles was wir geben mussten* (2005). Filmische Dystopien, die auch viele Schülerinnen und Schüler kennen dürften, sind *Terminator*, *Matrix*, *Gatacca*, *Minority Report* oder *Die Tribute von Panem*.

Lösungen KV 23 PLUS u2pj27

4 Den ungekürzten Vortragstext finden Sie online. Geben Sie den **Code u2pj27** in das Suchfeld unter www.klett.de ein. Dath kritisiert die einseitige Rezeption von Science-Fiction-Literatur, da seiner Meinung nach nicht das Genre als solches geschätzt werde, sondern stets die in seinen Augen unnötige Frage, ob der Roman eine Dystopie oder Utopie sei, an den Zukunfts-Roman herangetragen werde. Den Autorinnen und Autoren von spekulativer Fantastik werde diese „Brecheisen"-Frage nicht gerecht, da sie den Blick auf die Kunstfertigkeit und Vielfalt des Genres versperre. An Orwells *1984*, mit dem seiner Meinung nach die unselige „Utopie-Dystopie-Unterscheidung" begonnen habe, kritisiert er die Unwahrscheinlichkeit der konkreten Ausgestaltung, vor allem aber die fehlende Offenheit und den mangelnden Blick auf das Veränderliche einer zukünftigen Entwicklung, die nicht per se negativ sein müsse.

5 Dath würde der Definition von Juli Zeh nicht widersprechen, da *Corpus Delicti* für ihn kein Science-Fiction-Roman wäre.

6 Dath würde sich vermutlich aus oben genannten Gründen nicht für Juli Zehs Roman interessieren, da ihn das Etikett „Dystopie" bereits abgeschreckt hätte. Überträgt man die Maßstäbe seiner Kritik an Orwells Roman auf *Corpus Delicti*, würde Dath wohl auch bei Juli Zeh die einseitige Sicht auf zukünftige Prozesse und Erfindungen als negativ ansehen. – Interessant wäre an dem Schreibauftrag, ob es den Schülerinnen und Schülern gelänge, Daths polemisch zugespitzte Thesen in eigenen Worten wiederzugeben.

Modul VI: Deutung und Rezeption

INTENTION	Das Modul präsentiert keine vollständigen Deutungen (s. dazu den Abschnitt „Analyse und Interpretation", S. 48–53), sondern will vielmehr anhand der Rezeptionsgeschichte des Textes auf der Bühne und in Rezensionen interpretatorische Zugänge zu Juli Zehs Roman aufzeigen.
ZEITBEDARF	1 Unterrichtsstunde (KV 24) 1 Unterrichtsstunde (KV 25, Aufg. 1–3) 1 Doppelstunde (Kopiervorlage 25, Aufg. 4)
MATERIAL	KV 24: Sich mit Meinungen zum Roman auseinandersetzen KV 25: Umsetzungen auf der Bühne deuten
DIDAKTISCHE HINWEISE	Die Kopiervorlage 24 zu den Rezensionen ist dafür vorgesehen, sich freimütig und subjektiv zum Roman zu äußern. Dabei wollen zwei Auszüge aus Rezensionen helfen, deren Bearbeitung Maßstäbe vermitteln und Betrachtungsaspekte aufzeigen will, damit auch den Schülerinnen und Schülern eine begründete Auseinandersetzung mit dem Roman gelingt. Die Eindrücke aus verschiedenen Bühnenaufführungen (KV 25) sollen die Schülerinnen und Schüler von der Multiperspektivität der Interpretation überzeugen. Beide Kopiervorlagen sollten auch dazu genutzt werden, den Inhalt des Romans und seine wichtigsten Aspekte noch einmal zu wiederholen.
ZIELVORSTELLUNGEN/ KOMPETENZ- BESCHREIBUNGEN KV 24	Die Schülerinnen und Schüler erwerben und verfügen über folgende Erkenntnisse und Kompetenzen. Sie – lernen meinungsbildende Texte zu einem Roman kennen – setzen sich mit journalistischen Meinungstexten auseinander – schreiben in Anlehnung an journalistische Textformen einen meinungsbildenden Text
DURCHFÜHRUNG/ UNTERRICHTSSCHRITTE KV 24	1. Bevor die Auszüge aus den beiden Rezensionen gelesen werden, sollten Sie in einer Redekette die spontanen Eindrücke der Schülerinnen und Schüler zum Roman erfragen. Stichpunkte können an der Tafel festgehalten werden. 2. Die beiden Ausgangstexte sollten in EA gelesen und in PA vorgestellt und ausgewertet werden (je Partner ein Text). Von Vorteil ist es, die Auswertung in Tabellenform anzulegen. Bei einem leistungsstarken Kurs können Sie die Rezensionen auch recherchieren, ohne Auslassungen lesen und die Oberbegriffe eigenständig ermitteln lassen. Bei schwächeren Kursen können Sie die Ordnungsbegriffe auch vorgeben (s. Lösung). 3. Die Diskussion über die beiden Rezensionen kann anschließend ins Plenum getragen werden. 4. Bei der eigentlichen Buchbesprechung sollten Sie nicht zu viele Aspekte vorgeben, die Oberbegriffe aus den Lösungen dienen lediglich der Orientierung. Es muss den Schülerinnen und Schülern grundsätzlich auch möglich sein, eigene Aspekte zu wählen. Auch wenn Eindrücke zum Roman begründet sein sollen, bedingt die Textgattung der Rezension ausdrücklich eine rein subjektive Wahrnehmung des Erzähltextes.
ZIELVORSTELLUNGEN/ KOMPETENZ- BESCHREIBUNGEN KV 25	Die Schülerinnen und Schüler erwerben und verfügen über folgende Erkenntnisse und Kompetenzen. Sie – überprüfen eine Aussage der Autorin auf ihre Stimmigkeit – erfassen Theaterinszenierungen als Textinterpretationen und beurteilen deren ästhetische Qualität – setzen Textvorlagen in eigene szenische und ästhetische Ideen um – wiederholen und sichern die wichtigsten Aspekte des Romans

| Kopiervorlagen | Analyse und Interpretation | Kommentare und Lösungen |

Durchführung/ Unterrichtsschritte KV 25

1. Aufgabe 1 kann als HA oder mündlich im Kurs geklärt werden. – Um mehr Bildmaterial zu gewinnen, können Sie die Schülerinnen und Schüler bereits im Vorfeld nach geeigneten Theaterinszenierungen recherchieren lassen. – Falls Sie mit Tablets im Unterricht arbeiten, können die Schülerinnen und Schüler in GA Theaterbilder zu jeweils einer Inszenierung recherchieren und diese als Erklärvideo oder Präsentation aufbereiten.
2. Die Bühnenbilder und Kostüme sollen zunächst möglichst genau beschrieben werden. Eine Zuordnung zu einzelnen Kapiteln kann versucht werden, um einzelne Romandetails noch einmal in Erinnerung zu rufen.
3. Das eigene Urteil über die Stimmigkeit der einzelnen Bühnenbilder sollte nicht nur eine Geschmacksfrage sein, sondern aufgrund von ästhetischen und inhaltlichen Aspekten gefällt werden.
4. Die Bearbeitung der Aufgabe 4 erfordert Kreativität, dient aber vor allem dazu, sich noch einmal chronologisch die Stationen des Romans zu verdeutlichen, genau nach Schauplatzangaben und nach Personenbeschreibungen zu suchen. Daher sollte die Aufgabe auf große Gruppen (6–8 Personen) verteilt werden, so dass arbeitsteilige Prozesse ermöglicht werden. – Falls Sie mit Tablets im Unterricht arbeiten, können die Schülerinnen und Schüler Räume mittels „Augmented Reality" erfassen. Gegenstände, Personen und Schriftzüge lassen sich z.B. mit der App „Scan Thing" erfassen und anschließend in der AR-Umgebung visualisieren. Damit können sie eine sehr hohe Anschaulichkeit erreichen.
5. Die Präsentation kann als Galeriegang oder mit herkömmlichen Präsentationsformen umgesetzt werden. – Falls Sie mit Tablets im Unterricht arbeiten, können die Schülerinnen und Schüler mit einschlägigen Präsentations-Apps wie „PowerPoint", „Keynote", „BookCreator" oder „Adobe Spark Page" arbeiten.

Lösungen

Kopiervorlage 24 → S. 42

1 Gegenüberstellung der Rezensionen

	DIE ZEIT	NZZ
Thema, Inhalt	– Die Leserinnen und Leser werden mit der Idee einer körperfixierten Gesellschaft konfrontiert. – Es geht um die existentiellen Fragen, die uns seit der Aufklärung beschäftigen.	Roman zeichnet „erschreckende Gesellschaftsvision"
Aktualität	– Das Fortwirken des Totalitären wird deutlich in der instrumentellen Vernunft der Selbstoptimierer und Gesundheitsreformer. – Der Roman zeigt die Folgen eines Kosten-Nutzen-Denkens in der Gesundheitspolitik. – Beim Leser werden Assoziationen freigesetzt, die das bereits heute existente Nützlichkeitsdenken in Frage stellen (s. Rauchverbot und Fitnesswahn).	– Anti-Utopie über den Gesundheitswahn unserer Zeit – „bedenkenswerte [ ] Botschaften"
Form und Inhalt	Idee des Romans ist wichtiger als die Form → entspricht der Erwartung an Utopien	– Didaktischer Roman, zu deutlicher „Zeigefinger" – Idee geht auf Kosten der Qualität
Figurencharakterisierung	Ambivalente Heldin leistet Widerstand wider Willen	Viele „papierene" Figuren mit banalen typisierten Namen
Erzählstil	Lapidarer, unaufwändiger Erzählstil	– „bescheidene literarische Mittel"; grob, ohne Scharfsinn – verfällt aber diesmal nicht in „metaphorischen Überschwang"
Gattung	Utopie, philosophische Novelle, Verzicht auf Science-Fiction-Elemente	Anti-Utopie

| Kopiervorlagen | Analyse und Interpretation | Kommentare und Lösungen |

2 und 3 Achten Sie darauf, dass die Meinungen der beiden Rezensionen eingebunden werden und der eigene Standpunkt gut begründet formuliert wird.

Kopiervorlage 25 → S. 43

1 Die meist kurzen Kapitel sind wie Szenen aufgebaut, die Handlung spielt vorwiegend in geschlossenen Räumen, es sind wenige Figuren beteiligt und es gibt zahlreiche Dialoge in direkter Rede.

2 und 3 Für eine vergrößerte Darstellung im Unterricht stehen die Theaterbilder unter dem **Code u2pj27** auch online zur Verfügung. Geben Sie den Code in das Suchfenster unter www.klett.de ein. Kein Bühnenbild gleicht dem anderen. Jede Bühnenbildnerin entwickelt aufgrund des Textes, der keine feste Bühneninstallation vorgibt, eine andere Vorstellung von der zukünftigen Gesellschaft und v. a. von den zukünftigen Kostümen.

Die Inszenierung am **Staatsschauspiel Dresden** mit Studentinnen und Studenten des Schauspielstudios Dresden und der *Felix Mendelssohn Bartholdy* Hochschule für Musik und Theater Leipzig arbeitet mit einem reduzierten Bühnenbild. Die Figuren tragen schlichte, einfarbige, an Uniformen erinnernde Kostüme und bewegen sich in der dargestellten Szene innerhalb eines Raumes, der von einer kniehohen Begrenzung eingerahmt wird – dem Kennzeichen des Methodenstaats, das sich auch am oberen linken und rechten Bildrand wiederfindet. Die Videoinstallation am hinteren Ende der Bühne repräsentiert die totale Überwachung im Methodenstaat, mit der das Verhalten jeder und jedes Einzelnen lückenlos dokumentiert wird.

Die Inszenierung des **Jungen Deutschen Theaters Berlin** richtet sich mit einer App zur Vorbereitung des Theatererlebnisses gezielt an Schülerinnen und Schüler; zudem unterstützt eine multimediale Materialmappe Lehrerinnen und Lehrer im Vorfeld bei der Erarbeitung des Textes. Dem Konzept des „Klassenzimmerstücks" entsprechend – das Stück wird auf Anfrage in Klassenzimmern, Turnhallen oder anderen Räumlichkeiten direkt an den Schulen aufgeführt – zeigt das Szenenfoto Mia Holl auf einem Tisch vor einer Tafel. Sie trägt einen orangefarbenen Ganzkörperanzug, den man als Markierung einer Abweichlerin und damit als Symbol für Überwachung und Kontrolle deuten könnte (möglicherweise auch als eine Anspielung auf die Häftlingsbekleidung in Guantánamo). Dass weitere Personen des Stücks über Bildschirme eingeblendet werden, zeigt die Distanz der Menschen zueinander und zugleich die auf digitaler Technik beruhende Omnipräsenz des Methodenstaats, der an keinerlei räumliche oder zeitliche Beschränkungen gebunden ist.

In der aufgrund der Corona-Pandemie als „Drive-Through-Theater" konzipierten Inszenierung am **Deutschen Theater Göttingen** fahren die Zuschauerinnen und Zuschauer in ihren Autos durch die Tiefgarage des Theaters und halten an verschiedenen Stationen an. Dort befinden sich die Schauspielerinnen und Schauspieler getrennt voneinander in einzelnen Räumen – s. das Szenenfoto: im Vordergrund die dunkle Silhouette eines Autos, dahinter im erleuchteten Raum hinter Glas der Schauspieler in der Figur des Anwalts, rechts am Bildrand im weißen Ganzkörperanzug im Halbdunkel sitzend eine „Kontrollperson". Die Situation der Spielstätten ist damit der Isolation der Besucherinnen und Besucher in ihren Autos vergleichbar. Die auf verschiedene „Schaufenster" aufgeteilten Figuren rezitieren Passagen aus *Corpus Delicti* und vermitteln so den Zuschauerinnen und Zuschauern gleichsam die Philosophie und die Regeln des Methodenstaats. Auf diese Weise bezieht das Theater die aktuellen Bedingungen des „Social Distancing", in denen der freie, selbstbestimmte Austausch und das gemeinsame Kunsterlebnis als Auseinandersetzung mit der realen Lebenswelt über fiktive künstlerische Symbolisierungsformen pandemiebedingt nicht möglich sind, auf den autoritären Kontrollstaat im Roman von Juli Zeh.

4 s. die Hinweise in der Rubrik „Durchführung/Unterrichtsschritte", S. 78.

Kopiervorlagen	Analyse und Interpretation	**Kommentare und Lösungen**

Modul VII: Wiederholen und Sichern

INTENTION	Dieses Modul dient der Wiederholung des Gelernten, im Vordergrund stehen abfragbare, überprüfbare Kenntnisse. Die Schülerinnen und Schüler sollen ihr Wissen über wesentliche Inhalte und Aspekte von *Corpus Delicti* selbstständig online überprüfen können.
ZEITBEDARF	1 Doppelstunde (Multiple-Choice-Test online)
MATERIAL	Multiple-Choice-Test online unter dem **Code u2pj27**
DIDAKTISCHE HINWEISE	Als Abschluss der Unterrichtseinheit können die Schülerinnen und Schüler ihre Kenntnisse in einem Multiple-Choice-Test selbstständig testen. Dabei können sie ein eigenes Tempo wählen und den Test beliebig oft wiederholen. Alternativ bzw. ergänzend sollten sie wesentliche Analyseergebnisse in einer kompakten Übersicht, z. B. einem Buddy-Book, zusammenfassen.
ZIELVORSTELLUNGEN/ KOMPETENZ- BESCHREIBUNGEN	Die Schülerinnen und Schüler erwerben und verfügen über folgende Erkenntnisse und Kompetenzen. Sie – überprüfen selbstständig ihren Kenntnisstand von Inhalt, Form und Deutung des Romans – hinterfragen die angebotenen Lösungen auf ihre Richtigkeit
DURCHFÜHRUNG/ UNTERRICHTSSCHRITTE	1. Der Test steht online zur Verfügung. Geben Sie den **Code u2pj27** in das Suchfeld auf der Seite www.klett.de ein. Dort finden Sie einen Link zum digitalen Multiple-Choice-Test, den Sie an Ihre Schülerinnen und Schüler weitergeben können. 2. Die Fragen sind zwar so gestellt, dass sie nur möglichst eindeutige Antworten zulassen. Dennoch ist es angesichts der grundsätzlichen Uneindeutigkeit von Literatur zu empfehlen, den Test in den Unterricht aufzunehmen und Unklarheiten im Plenum zu besprechen. 3. Wenn die Schülerinnen und Schüler alternativ ein Buddy-Book erstellen, können sie sich an den untenstehenden Aspekten und Leitfragen orientieren.

Lösungen

Multiple-Choice-Test online

Richtige Antworten: 1 b), d); **2** a), d); **3** a); **4** b), c), d); **5** b), c), d); **6** b); **7** a), b), c), d); **8** b), c); **9** a), c); **10** d); **11** b), d); **12** a), c); **13** b), c), d); **14** b); **15** a); **16** a), c); **17** b), c); **18** c); **19** b), c), d); **20** d)

Aspekte und Leitfragen für ein Buddy-Book

Inhalt und Aufbau des Romans: Wie verläuft die Haupthandlung in chronologischer bzw. logischer Reihenfolge? Welche verschiedenen Handlungsstränge sind erkennbar? Wo hat der Roman seinen Höhepunkt, wie endet er? Lässt sich ein Spannungsbogen erkennen? Wie ist die Abfolge der Handlung strukturiert? – **Figurenübersicht:** Welche Figuren können als Protagonisten gesehen werden? Wie verläuft die Entwicklung der Hauptfiguren? Lassen die Figuren sich antagonistisch gegenüberstellen? Wie werden die Haupt- und Nebenfiguren direkt bzw. indirekt charakterisiert? – **Erzähltechnik und Sprache:** Welche Erzählweise liegt dem Roman zugrunde? Welche Rolle spielt der Erzähler? Welche Art der Figurenrede überwiegt? Wodurch ist die Sprechweise der Hauptfiguren gekennzeichnet? – **Thematische Aspekte:** Welche zentralen Themen bzw. Fragen werden angesprochen? Wie werden einzelne Themen anhand der Handlung und der Figuren entwickelt? Wie positioniert sich der Erzähler zu den zentralen Themen? Wie positionieren Sie sich als Leser(in) zu den strittigen Themen? – **Gattungsfragen:** Lässt sich der Roman einem bestimmten Genre zuordnen? Gibt es Bezüge zu anderen Texten oder Filmen? – **Deutung und Rezeption:** Welche Erkenntnisse haben Sie durch den Roman erlangt? Hat er Sie inhaltlich überzeugt? Hat er Sie in literarisch-ästhetischer Hinsicht überzeugt? Wie wurde er von der Literaturkritik aufgenommen? – **Die Autorin:** Welche für das Verständnis des Romans nützlichen Hinweise liefert die Biografie der Autorin? Welche Selbstaussagen der Autorin zu ihrem Roman sind Ihnen bekannt?